中国物流专家专著系列·2015

基于协议流通模式的农产品信息追溯体系研究

王晓平　安玉发　著

中国财富出版社

图书在版编目（CIP）数据

基于协议流通模式的农产品信息追溯体系研究/王晓平，安玉发著．—北京：中国财富出版社，2015.5

（中国物流专家专著系列）

ISBN 978-7-5047-5634-3

Ⅰ.①基…　Ⅱ.①王…①安…　Ⅲ.①农产品—质量管理体系—研究—中国　Ⅳ.①F326.5

中国版本图书馆CIP数据核字（2015）第069215号

策划编辑　张　茜　　**责任印制**　方朋远

责任编辑　颜学静　　**责任校对**　杨小静

出版发行　中国财富出版社

社　　址　北京市丰台区南四环西路188号5区20楼　　**邮政编码**　100070

电　　话　010-52227568（发行部）　010-52227588转307（总编室）

010-68589540（读者服务部）　010-52227588转305（质检部）

网　　址　http://www.cfpress.com.cn

经　　销　新华书店

印　　刷　三河市西华印务有限公司

书　　号　ISBN 978-7-5047-5634-3/F·2343

开　　本　710mm×1000mm　1/16　　**版　　次**　2015年5月第1版

印　　张　10.25　　**印　　次**　2015年5月第1次印刷

字　　数　189千字　　**定　　价**　32.00元

作者简介

王晓平（1977—），女，山东人，管理学博士，北京物资学院物流学院副教授，副院长，主要研究方向为农产品流通、物流信息化、电子商务物流等。

安玉发（1955—），男，吉林人，中国农业大学经管学院教授，博士研究生导师，农产品流通与营销研究中心主任；中国农产品市场协会常务理事。主要研究方向为农产品市场与营销，流通经济学。

前 言

随着消费者对食品安全的重视程度不断加深，对农产品流通的信息追溯的要求也越来越高。在流通领域的信息追溯方面，国内外已经有了相应的研究，但将这些信息跟踪追溯技术与农产品流通相结合的研究并不多见，并且没有很好地与实际需求相结合。基于以上原因，本书将侧重于物流系统的跟踪追溯方面的技术与实际需求相结合，使科学研究能为农产品流通服务。

本书首先结合“十一五”国家科技支撑计划项目：果蔬类农产品协议流通管理与服务应用示范（编号：2008BADA0B08）的研究结果，在对农产品协议流通重新定义的基础上，运用博弈论对各参与主体的行为进行分析，得出结论：从长远合作的角度出发，企业与农户都会遵守协议约定提供相应的数据以实现信息追溯。

其次，本书详细分析了农产品供应链的信息追溯模式，将成本管理和供应链管理的理念与农产品流通的实际相结合，提出了一种全新的信息追溯方式——分阶段追溯。现阶段农产品流通领域中，可以通过分阶段追溯的方式实现供应链管理方法的改进和完善，使合作各方在共赢的同时，明确责任，从而保障供应链的良好运转。

再次，本书分析了对核心企业供应链组织型、连锁集团主导型、批发市场服务拓展型三种典型协议流通模式中的信息流动方式，并根据各种类型的流通模式下的参与方的合作方式、核心企业对供应链的掌控程度、各参与方的信息化水平等内容的分析研究，得出结论：不同的协议流通模式需要构建不同的信息追溯体系，以便于适应各不相同的参与主体。本书结合当前计算机领域的先进技术理念，分别提出了通过SOA（面向服务的体系架构）、企业ERP＋VPN（虚拟专用网络）以及云计算等不同的技术手段，构建适合每一种协议流通模式的信息追溯体系。

最后，通过案例分析证明了不同的信息追溯体系从体系构架、供应链管理模式以及对风险的控制等方面，均存在很大差异。结合农产品流通中信息追溯的实际情况，提出相应的政策建议及有待进一步研究的问题，以期能推动农产品流通的顺畅、高效、低成本运行。

本书主要创新点：①对协议流通的理论进行重新的定义与分析；②针对不同的协议流通模式构建不同的信息追溯体系，从而满足农产品流通模式多样化的要求；③结合成本管理与信息管理的理念提出并论证分阶段的信息追溯方法，以期降低农产品信息跟踪追溯成本；④通过追溯体系的构建实现农产品流通参与主体的信息共享，从而促进供应链管理的有效运作，以此来改善农产品质量安全问题。

作　者

2015 年 1 月

目 录

1 绪 论

1.1 研究背景和意义

改革开放以来，随着国家一系列农业生产和农产品流通体制改革的推进，我国农业经济取得了长足的发展。然而在改革不断深化的过程中，“三农”问题却日益凸显出来。在我国存在的诸多“三农”问题和矛盾中，突出的表现是农户小生产与大市场变幻莫测的矛盾。由于农产品流通体制改革和农业的社会化服务体系滞后，特别是在我国加入 WTO 之后，小规模分散的农户直接进入市场交易将会面临巨大的交易成本和市场风险。而这种矛盾导致了农民收入不稳定和收入增长缓慢，制约了农业市场化进程，也阻碍了农业现代化。

政府工作报告明确提出，要加强农产品流通体系建设，积极开展“农超对接”，畅通鲜活农产品运输“绿色通道”。农产品流通事关农民的钱袋子、事关农产品市场的顺畅运作、事关城市居民的餐桌，因此成为代表委员们深入探讨的话题。①

农产品流通标准化是农产品现代流通体系建设的重要组成部分和本质要求，是实现农产品现代化交易的基础。为推动农产品流通标准化建设，提高流通效率、降低流通损耗、促进农民增收、保障质量安全，商务部发布了《黄瓜流通规范》《鲜食马铃薯流通规范》《番茄流通规范》《青椒流通规范》《洋葱流通规范》《豇豆流通规范》《冬瓜流通规范》七项国内贸易行业标准。贯彻实施农产品流通标准不仅有利于推动农产品质量等级化、包装规格化、产品品牌化，提高农产品流通效率，促进大市场、大流通的形成；有利于建立可追溯体系，保证上市农产品的质量和安全；还有利于农产品实现优质优价，推动农业产业结构调整、产品结构优化，促进农民增收。②

在发达国家，农产品流通的主体主要是企业化经营的农场、农产品批发与零售企业及农户联合起来的协同组织（如农协、合作社），而不是单个农

① 刘艳涛，施维，吴砾星．农产品流通体系建设应减少中间环节．农民日报，2011－3－14.

② 商务部．商务部关于贯彻实施农产品流通标准的通知．中国物流与采购网，2011－2－1.

户，流通主体的组织化程度较高。在美国的果蔬营销中，主要是农场主与生产合作社、产地中间商和大型超市或批发企业签约进行销售（占销售量的98%）。在日本，约有97%的农户加入了农协，90%的农产品由农协销售，80%的农业生产资料由农协采购①。高度组织化的流通主体使得果蔬农产品流通渠道稳定性更强，农民的权益和收入得到保护。

现阶段我国果蔬农产品流通存在流通主体组织化程度低、生产和经营规模小的特点，组织化程度较高的农民专业合作社虽然近几年在国家的扶持下发展日趋成熟规范，但并没有成为农产品营销的主体。

我国果蔬农产品流通的这种特点导致了流通主体不对称，农民缺少话语权，因此往往在价格和信息方面处于劣势，形成了我国多种流通主体、多个交易环节、多种交易方式并存的果蔬农产品流通渠道，影响果蔬农产品流通增值和农民增收。

1.1.1 研究背景

我国现有的农产品流通模式是由计划经济体制下国家统购统销体系经过市场化改革逐步演变而来的。各种类型的农产品基本上形成了以农户、经销商、批发市场、集贸市场、农产品企业等为主体的流通格局。

当前，农产品的主要流通形式包括：

（1）以农村经纪人和运销队伍为主体的经纪、贩运型流通，农民自己闯市场，找销路、搞运销，具有积极性、自主性、灵活性，但组织化程度低，比较分散，市场不确定性非常大，信誉度不高。

（2）以龙头企业为组织形式的加工贸易型流通，企业与农户之间建立紧密的产销关系，实现产销一体化经营，主要问题在于公司与农户双方的契约约束比较脆弱。

（3）以农产品批发市场为龙头的市场带动型流通，通过培育市场，形成产品集散、信息发布、价格形成中心，促进农产品储存、加工、交易、集散、物流配送等功能的实现，以大市场带动大流通。是目前农产品流通的主渠道，但是批发市场的功能尚未得到健全和发挥，限制了其引领农业发展的作用。

（4）以专业合作组织为载体的合作型流通，通过专业合作社的建立将从事同类农产品生产经营的农民组织起来，形成小生产与大市场的桥梁，但目

---

① 李晋红．美日农产品流通渠道模式比较及对我国的借鉴［J］．中国合作经济，2005（5）：61-62.

前尚未成长壮大。

(5) 以连锁超市为龙头的生产基地及联合采购型流通。

在我国当前“小生产、大流通”的农业总体格局下，这些多样性的流通形式适应了当前农产品流通和农业产业化发展的需要，但同时也存在着一系列制约我国农业产业化发展的问题。由于目前的农产品流通存在秩序混乱的现象，低质、普通甚至假冒农产品与健康、优质农产品混杂经营，农产品生产过程的不规范问题不能通过市场和流通环节得到纠正，导致社会食品安全问题严重。现有农产品流通体系的不完备制约了中国农业竞争力的快速提升，因此，近几年的中央一号文件都把农产品流通作为发展现代农业的重要组成部分。

农产品流通过程中涉及的环节比较多，结合农产品自身易腐烂变质，以及附加值比较低等特点，在进行信息跟踪追溯的时候就会陷入一个怪圈：跟踪追溯可以保证质量安全，但会造成农产品本身难以承担的成本；不跟踪追溯，不产生额外的成本，但是质量安全又不能得到保证。

“民以食为天，食以安为先”，但近些年来，世界各地频频发生由疯牛病、禽流感、口蹄疫、二噁英等引发的重大食品安全问题。2006 年，波及美国 25 个州的“加州毒菠菜事件”和在我国引起广泛关注的“三鹿奶粉事件”，进一步使人们对食品质量安全的信任程度大大降低。果、蔬、禽、蛋、肉、水产品等农产品作为与人们接触最频繁的食品，其质量安全更是引起了大家的普遍关注。因此，采取保证农产品质量安全的政策和措施，建立农产品追溯体系，实现农产品的可追溯性，提升消费者对食品的信任，对于政府、农产品生产经营企业、广大农户和社会来说，都具有重要意义。

我国农产品流通的现行模式是以农产品批发市场为纽带，由农户或农产品种植基地、农产品加工企业、农产品批发市场（产地或销地）、农产品分销商（零售超市或露天市场）及消费者组成，农户的产品可以直接进入批发市场然后进行分销，也可以直接进入超市等零售环节。对于从批发市场到消费者的这一环节，看似简单，却最容易出现问题，对于农产品信息追溯的需求，往往都是在这里产生的。

由于我国传统的重生产、轻流通的思想，缺乏商品意识，缺乏市场营销概念，不重视向外发布信息，不重视商品包装，不重视品牌开发，导致农产品物流处于无序状态。

我国农产品物流供应链节点各企业之间信息化程度差距较大。很多企业还没有意识到信息化对于自身发展的重要影响，更不用说利用先进的信息技术为自己服务；供应链上企业之间缺乏统一的信息平台以供各企业进行信息交流，造成本应多边共赢的企业之间缺乏必要的了解，阻碍了农产品物流的发展。

随着经济的不断发展，国内外对于物流服务的要求越来越高，相应的对于物流运作的效果和质量也提出了更高的要求。如何提高物流服务质量，对物流过程进行跟踪监控无疑是一项很好的措施，并且在物流过程结束之后，对整个过程的系统追溯将是下一步研究的重点，因为这会为产品的质量安全提供切实的保障。食品可追溯体系是一种旨在加强食品安全信息传递、控制食源性疾病危害和保障消费者利益的信息记录体系，目前已成为很多国家管理食品质量安全的重要手段。

信息是农产品物流的神经系统，从农产品的产前、产中到产后的储存、运输、加工及销售，每一个环节的物流信息应作及时处理，方能应对市场变化。目前，鲜活农产品信息网络不健全，农户居住分散，沟通渠道不畅，许多信息难以收集、传递，信息化体系建设明显滞后。因此，必须构筑起鲜活农产品物流信息网络管理系统，广泛采用网络信息技术，加快农产品物流与电子商务的融合。

物流信息技术的发展，为农产品的信息跟踪、追溯奠定了良好的技术基础。条码技术发展得相对比较完善，而且较低的成本使其得到了广泛的使用；RFID（无线射频技术）技术，可以在潮湿、不安全的环境中使用，为信息的跟踪记录扩展了更宽的领域；GPS（全球卫星定位系统）、GIS（地理信息系统）的应用，为产品的流通过程提供了翔实、可靠的信息；网络的普及为农产品流通过程中的信息传递和交流提供了良好的平台。

近年来，“从农田到餐桌（farm－to－table）”的全程质量安全管理，已成为各国政府加强食品安全监管的新举措。我国也于2003年提出了“全程监管”理念，坚持预防为主、源头治理的工作思路。

在中国，对于鸡肉、牛肉、猪肉等产品的可追溯系统已经得到了广泛的研究，但对于果蔬类农产品的信息追溯系统，到目前仍没有切实可行的解决方案。2004年，由国家质检总局、山东省潍坊市及寿光市质量技术监督局等部门共同协作，在寿光田苑蔬菜基地和洛城蔬菜基地进行了蔬菜质量安全可溯源系统的探索，但是由于系统设计、成本、可操作性等方面的问题，使得该系统被搁浅。

流通领域是“从农田到餐桌”整个农产品供应链中重要且不可或缺的环节之一，对农产品质量安全保障有着举足轻重的意义。因此，本书试图从流通领域的角度来探讨农产品质量安全问题。并将农产品的流通过程（见图1-1）作为研究重点，将农产品流通中的信息流动方式和信息追溯需求相结合，把握农产品流通的各参与方在农产品安全控制保障中的主体利益，使之形成有机耦合和协同的动态机制，保障并实现“从农田到餐桌”全程的农产品信息跟踪追溯，保障质量安全。

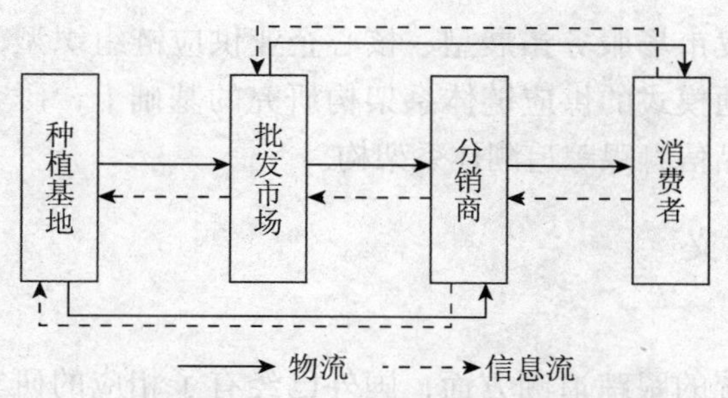

图1-1 农产品流通模式示意

在对农产品进行信息跟踪追溯时，由于农产品的种类繁多、价值不一，因此，如果以同一种模式对其进行跟踪监控，可能并不合适。同时，由于在农产品流通中，涉及的环节比较多，当产品真正出现问题时，往往已经到达了供应链的最末端——消费者手中，而此时追查原因，如果没有信息化的手段作为支撑，显然是难以实现的。如果一旦出现问题就从头到尾进行追查，势必会造成很高的信息追溯成本，因此我们提出，在进行信息追溯时，在明确各方责任的同时，尽可能降低其成本，最大程度的保护各方利益。

从流通的方式上来划分，可以将农产品分为：协议流通和非协议流通两种流通模式。对于非协议流通的过程，通常交易对象是随机的，而且交易过程没有任何记录，因此想要进行追踪监控，难度比较大，且不容易实现；而对于通过协议方式进行流通的农产品，由于交易的参与者相对固定，且交易过程规范、清晰，因此是可以进行追踪监控的。因此，本书对于农产品流通中的信息跟踪追溯主要是针对协议流通方式下的农产品流通进行分析。

所谓协议流通是指农产品供应链中各利益相关主体以某种协议的形式明确各自分工，统一协调上下游的供应商和客户，运用生产风险、流通风险分担和利益分配机制，解决农产品交易信息不对称和流通成本高等问题，形成供应链整体长期稳定的交易关系，提升农产品流通效率。果蔬类农产品协议流通模式是对传统流通模式的改进，在顺畅“三流”（物流、资金流、信息流）、减少阻耗方面具有明显效果。

针对这种情况，本书以果蔬类农产品为研究对象，在分析可追溯体系内涵，以及可追溯系统在农产品供应链中应用现状的基础上，结合目前处于主流模式的农产品协议流通，从尽可能降低整个供应链的追溯成本的角度，探讨在我国食品行业实施可追溯体系存在的问题，研究基于协议流通的农产品跟踪追溯模式。

本书拟在批发市场服务拓展型、核心企业供应链组织型、连锁集团主导型这三种协议流通模式的供应链体系架构研究的基础上，研究每一种协议流通模式下的农产品信息跟踪追溯体系架构。

1.1.2 研究意义

1. 理论意义

对于物流系统的跟踪追溯方面，国外已经有了相应的研究，主要是基于条码技术、RFID 技术、GPS 技术等，在国内虽然对相关的技术也有一定的研究，但将这些信息跟踪追溯技术与农产品流通相结合的研究并不多见，并且没有很好地与实际需求相结合，往往是需要的信息没有，能提供的信息没用。基于以上原因，本书将注重于对物流系统的跟踪追溯方面的技术与实际需求相结合，使得科学研究能为农产品流通服务。同时，探讨农产品供应链上的信息追溯模式，将成本管理和信息管理的理念与农产品流通的实际相结合，带来供应链管理方法的改进和完善，使合作各方在共赢的同时，明确责任，从而保障供应链的良好运转。

2. 现实意义

在国际上，欧盟、美国等发达国家和地区要求对出口到当地的部分食品必须具备可追溯性，否则就不允许上市销售。发达国家建立的食品质量安全追溯体系，除了可以有效保证食品质量安全和可以溯源外，其贸易壁垒的作用也日益凸显。由此可见，我国建立农产品可追溯体系不仅能为人民群众的饮食健康提供优质安全的农产品，同时也是打破国外因食品安全追溯而设置的贸易壁垒的重要手段。

在农产品流通的过程中，往往涉及从生产，到流通，再到销售的多个环节。当出现产品质量问题时，往往是在供应链的最末端——消费者这一环，要想尽快的查找问题原因，并将问题产品所带来的负面影响降到最低，必须有信息化手段的支持。通过这一研究，可以用信息追溯的手段，将问题产生的环节锁定，从而明确责任，减少纠纷，更好地保障消费者的权益。同时，在进行信息追溯时，通过适当的管理措施，使信息追溯一环一环地进行，从而降低整个供应链的信息追溯成本，缩短反馈时间，提高客户服务水平。

1.2 国内外研究现状

1.2.1 国外研究状况

1. 国外对信息化环境下农产品流通的经济学分析和管理研究

国际上利用经济学方法、信息技术和模型对农产品流通的研究从未间断过。2007 年，PANG，S 和 WEI，L（2007）为了研究农产品物流中心的经济规模最优化，计算分析了产品的功能、规模利润率、经济行为，以及规模利润率与经济行为的关系，规模利润率与物流中心规模的关系，并以寿光农产品物流中心作为最优化模型的案例进行研究。结果显示：规模利润率可作为模型的决策变量，因为规模利润率随着劳动力和资本的投资增加而增加，然后随着其继续增加而减少。这说明最优化模型是可行的，可以用于评估物流中心规模的经济性。

目前对信息化环境下农产品流通、农产品物流的前沿研究非常活跃，是目前该领域的研究热点之一。很多学者对于以 .NET 和 WAP 技术为基础的农产品物流中心系统的功能和结构，以及系统开发和相应解决过程中遇到的各种问题作了详细的介绍和研究。Windows Server 作为操作平台 SQL Server 作为后台数据库服务器，以 ASP. NET 技术进行应用逻辑的实现。这个系统将会对很多地区的农产品流通非常有意义，人们将可以通过 WAP 移动电话随时随地地发布和浏览信息，实际上系统提供了一个便捷的信息交换的方法。

国外发达国家的信息化环境下农产品流通的管理比较先进。目前，世界各发达国家的农产品物流信息化程度较高。如日本的大规模零售店都已安装了 EOS 系统（电子订货系统），与交易对方联机，并有 VAN（增值网络，目前更多的是使用形式为基于互联网的 Internet VAN）将食品工业和批发业联结起来，从而大大提高了信息沟通和流通的效率。同时日本的批发市场也已装备了完善的信息设施，实现了全国乃至世界主要批发市场的联网。在鲜活农产品的零售服务上，利用电子网络销售近年来也十分盛行。消费者只要发一个电子邮件，物流公司就可及时送货上门，保证质量。据统计，日本在 2003 年利用网上电子交易的人数已达2186 万人，是1998 年的8 倍，交易规模已达 320000 亿日元，是 1998 年的50 倍。而在欧洲的荷兰花卉和园艺中心，也安装有最先进的拍卖系统、新式电子交换式信息和订货系统，从而使荷兰也可以向全球许多国家的广大客户和消费者提供服务（黄勇，易法海，杨平，2007）。

2. 国外对农产品可追溯系统的应用研究

ISO 8402: 1994 把“可追溯性”定义为：通过记录标识的方法回溯某个实体来历、用途和位置的能力。这里的“实体”可以是一项活动或过程、一项产品、一个机构或一个人，以及上述各项的任何组合。可见 ISO 对产品可追溯性的定义不仅适用于工业制成品，也适用于农产品，而且从产品、用户和信息管理三个角度给出了解释。

国外学者对农产品可追溯系统的特征、分类、应用等做了很多基础研究，已取得了一些研究成果。Souza - Monteiro DM 和 Caswell JA（2004）研究认为，实施可追溯系统的主要作用就是保证人类与动物健康，而通过精确的追溯来明晰相关企业的责任是政府强制性的要求实施追溯系统的主要目的，不断加强的责任又促使企业采用更加安全可靠的生产加工工艺。Hobbs J E（2004）提出追溯系统是解决食品行业信息不对称问题的重要手段，具有三个作用：通过事后的反应系统能降低私人成本（产品召回成本等）和社会成本（医疗成本等）；通过事后的有关信息能清晰地划分相关企业的民事法律责任，并由此来刺激企业生产具有安全保证的食品；通过事前的质量认证能降低消费者搜寻信息的成本。总的来说，可追溯系统的作用可体现在四个方面：安全（风险）管理、质量管理、生物安全和商业管理。

关于农产品可追溯系统在不同国家的应用情况，各国学者也进行了一些研究。Pettitt R G（2001）研究表明，英国的农产品生产商联合设计了多种形式的质量保证方案，其中就包括产品可追溯系统。Liddell S 和 Bailey D（2001）研究表明，美国猪肉市场在实施可追溯性系统方面落后于世界其他发达国家。Clemens R（2003）研究表明，质量担保和可追溯性系统已经成功应用在日本的食品零售（尤其是超市）环节。Mora C 和 Menozzi D（2005）研究表明，疯牛病危机刺激了意大利牛肉行业大规模采用可追溯系统来保证产品质量。

3. 国外对农产品可追溯系统的应用现状

从 20 世纪 90 年代开始，许多国家和地区已经应用可追溯系统进行农产品质量安全管理。

（1）欧盟的农产品可追溯系统。欧盟的农产品可追溯系统应用最早，尤其是活牛和牛肉制品的可追溯系统。欧盟把农产品可追溯系统纳入到法律框架下，并于2002年1月颁布了178/2002号法令，规定每一个农产品企业必须对其生产、加工和销售过程中所使用的原料、辅料及相关材料提供保证措施和数据，确保其安全性和可追溯性。

（2）美国的农产品可追溯系统。在市场经济高度发达的美国，农产品可追溯系统主要是企业自愿建立，政府主要起到推动和促进作用。2003年5月FDA公布了《食品安全跟踪条例》，要求所有涉及食品运输、配送和进口的企业要建立并保全相关食品流通的全过程记录。美国的行业协会和企业建立了自愿性可追溯系统。

（3）日本的农产品可追溯系统。在农产品可追溯系统应用方面，日本走在前列，不仅制定了相应的法规，而且在零售阶段，大部分超市已经安装了产品可追溯终端，供消费者查询信息使用。日本从2001年起在肉牛生产供应体系中全面引入信息可追踪系统，要求牛肉业实施强制性的零售点到农场的可追溯系统。

（4）其他国家的农产品可追溯系统。英国政府建立了基于互联网的家畜跟踪系统（CTS）。该系统记录了家畜从出生到死亡的转栏情况，农场主通过该系统的在线网络来登记注册新的家畜，查询其拥有的其他家畜的情况。加拿大从2002年7月1日起开始实施强制性活牛及牛肉制品标识制度，要求所有的牛肉制品采用符合标准的条码来标识，并且采用澳大利亚国家牲畜标识计划（NLS）来对家畜进行标识和追溯。巴西农业部决定，从2004年3月15日起，对肉牛实施强制性生长记录，实行从出生到餐桌的生长情况监控。

1.2.2 国内研究状况

1. 国内对信息化环境下农产品流通的经济学分析和管理研究

目前国内信息化环境下农产品流通的研究主要有以下几个方面：基于信息技术的现代物流配送注重基础设施的建设，使用先进的技术、设备与管理为销售提供服务，强调功能作业流程、运作的标准化和程序化，使复杂的作业简单化；着重于将物流与供应链的其他环节进行集成，采用市场机制，服务系列化，提高农产品流通速度，推动农业的现代化进程，提高农业生产的整体效益。在农产品流通模式现状、新型农产品流通模式的构造以及我国农产品流通模式信息化的实现途径方面有很多学者也做了很多相关研究。

2. 国内对农产品可追溯系统的研究现状

我国学者对农产品可追溯系统的应用做了大量研究，耿献辉、周应恒（2002）提出了食品信息可追踪系统是食品质量安全管理的重要手段，并详细介绍了这一技术在欧盟各国的应用。刘雅丹（2004）将食品可追溯系统具体应用于水产品的质量安全控制中，并提出在当前的管理情况下，为每一条鱼打上标签并与复杂的信息技术体系相关联，不但成本高昂，而且也不足以使食用养殖鱼的消费者放心。曾宪铮（1999）提出企业在贯彻实施ISO 9000标准及在进行质量体系认证过程中，常常出现一些产品标识不易追溯或不合格的问题，并对上述问题提出了自己的解决方案。申光磊等（2007）应用“RFID + 条码”技术，对肉牛及生产的牛肉进行标识，跟踪牛肉的整个生产过程，并设计开发了网络化牛肉可追溯系统，将管理系统放在互联网上，实现了牛肉质量安全可追溯系统的网络化管理。杜国明（2008）提出农产品质量安全可追溯制度必须通过法律规制农产品责任，规定合理的归责原则，增加农产品生产经营者举证责任，才能有力地保证农产品可追溯制度的有效建立和实施。赵明、刘秀萍（2007）通过比较北京、南京、寿光三套可追溯系统的优缺点，为我国蔬菜质量安全可追溯制度的建立和完善提供了参考。

此外，我国学者分别研究了EAN · UCC系统在牛肉和鱼肉产品（孔洪亮、李建辉，2003），水果、蔬菜（王东风、文向阳，2004）和鳗鱼（杨林，2005）的质量跟踪与追溯系统中的应用，目前我国对牛肉、蔬菜跟踪与追溯的试点工程也是采用这个系统。

3. 国内对农产品可追溯系统的推广应用现状

（1）进行了食品可追溯系统初步的研究，制定了一些相关的标准和指南。我国关于食品溯源体系的研究始于2002年，在研究和实施过程中，逐步制定了一些相关的标准和指南。如为了应对欧盟在2005年开始实施水产品贸易可追溯制度，国家质检总局出台了《出境水产品溯源规程（试行）》，中国物品编码中心会同有关专家在借鉴了欧盟国家经验的基础上，编制了《牛肉制品溯源指南》，陕西标准化研究院编制了《牛肉质量跟踪与溯源系统实用方案》。

（2）一些地方和企业初步建立了部分食品可追溯制度，发布了一些法规。2001年7月，上海市政府颁布了《上海市食用农产品安全监管暂行办法》，提出了在流通环节建立“市场档案可溯源制”。2002年，北京市商委制定了食品信息可追踪制度，明确要求食品经营者购进和销售食品要有明细账，即对购进食品按产地、供应商、购进日期和批次建立档案。

（3）进行了农产品可追溯系统的初步试点。2004年，由国家质检总局、山东省潍坊市及寿光市质量技术监督局等部门共同协作，在寿光田苑蔬菜基地和洛城蔬菜基地进行蔬菜质量安全可溯源系统的探索。中国物品编码中心通过“中国条码推进工程”，推动条码技术在我国食品可追溯中的应用。先后在陕西、北京、上海、山东等地开展食品追溯技术研究和试点。

1.2.3 国内外发展比较研究

国内农村信息服务现状和国外农业信息化的发展经验提醒我们：农村信息化建设已成为当今农村发展、农村流通现代化、农业批发市场建设的基础和瓶颈，必须予以重视和解决。对比国内外农产品可追溯系统的发展可以发现：

（1）政府在农产品可追溯系统建立中都起到了比较重要的作用。从国外发达国家到我国，都可以看到政府在农产品可追溯系统的发展中，从政策的制定到系统的推广，都起到了重要的作用，包括日本、欧盟、加拿大、英国等国家和地区，也包括中国。

（2）农产品可追溯系统多是先从家畜产品开始。我国和国外发达国家相似，农产品可追溯系统的建立首先都是从家畜产品开始的，特别是有不少国家都是首先从牛肉产品开始的。

（3）农产品可追溯系统中使用的技术手段比较类似。国外发达国家在开展农产品可追溯系统时，通常使用 EAN · UCC 码作为追溯的主要技术手段，我国也不例外。

（4）消费者支付意愿具有共性。在实施可追溯系统中，国外与我国消费者都表现出了一定的可支付意愿。国外研究显示：如果产品附加了关于食品安全和动物福利保证的产品信息，那么消费者对可追溯性的支付意愿更高。

1.2.4 评述

综上所述，国内外对于可追溯系统的研究已经深入到很多领域，但是完全从农产品（特别是附加值较低的农产品）流通领域出发，并从相关参与主体间的信息流动、共享，以及降低追溯成本、责任划分等方面的分析研究较少。本书认为，对农产品协议流通领域的信息跟踪追溯还存在如下有待研究的问题。

（1）由于在农产品的流通过程中，以往关注的更多的是物流和资金流，而对信息流的关注很少，且没有合理的措施进行管理，因此，要加强对信息流动及需求分析的研究。

（2）结合供应链管理理念，协调系统中不同要素（农户、加工企业、批发市场、销售企业、消费者，以及政府）之间利益关系，在对各要素实施激励机制、动力机制及监管机制的分析基础上，构建一种适合农产品协议流通模式的信息追溯体系，既要降低成本，又要缩短反馈时间，是一个值得深入研究的问题。

有鉴于此，本书从分析农产品协议流通的模式入手，研究协议流通过程中的信息流动及对追溯的要求，结合当前存在的各种信息跟踪追溯技术的功能特点，重点研究各参与主体信息跟踪追溯的合作机制，构建合适的农产品信息跟踪追溯体系，为加强农产品协议流通过程中的信息反馈机制提供策略建议，通过对流通过程的监控，进而建立"从农田到餐桌"全程食品安全保障机制。

1.3 问题的提出

1.3.1 农产品流通

农产品是指来源于农业的初级产品，即在农业活动中获得的植物、动物、微生物及其产品。本书研究的重点是瓜、果、蔬菜等，是指自然生长和人工培植的瓜、果、蔬菜，包括农业生产者利用自己种植、采摘的产品进行连续简单加工的瓜、果干品和腌渍品（以瓜、果、蔬菜为原料的蜜饯除外）。

农产品流通，是指农产品从生产领域向消费领域的转移过程。该过程是以增值为目的的农产品交易活动，是农产品在流通领域的运动过程，包括商流、物流、信息流和资金流等过程①。现代化的农产品物流包括农产品的仓储、运输、装卸搬运、包装、流通加工、配送、信息处理等活动，形成农产品流通的有机整体。

农产品流通是联系生产与消费的一个重要环节，是实现农民劳动价值、促进农民增收的最直接的途径。当前，农产品的主要流通形式有以下五种：

（1）以农村经纪人和运销队伍为主体的经纪、贩运型流通；

（2）以龙头企业为组织形式的加工贸易型流通；

（3）以农产品批发市场为龙头的市场带动型流通；

（4）以专业合作组织为载体的合作型流通；

（5）以连锁超市为龙头的生产基地及联合采购型流通。

在现阶段，多样性的流通形式适应了当前农产品流通和农业产业化发展

① 夏春玉，薛建强，徐健．农产品流通：基于网络组织理论的一个分析框架［J］．北京工商大学学报：社会科学版，2009，24（4）：1-6.

的需要，但同时必须看到这几种流通形式也存在着一些问题。一方面有形式本身发育发展中的问题；另一方面也有外部环境和条件的问题。

1.3.2 协议流通

所谓“农产品协议流通”是指在农产品生产和销售中各利益相关方以各种协议的形式明确各自的分工、责任和权利，使得农产品的生产要素和流通要素依据各自在生产和销售中的优势重新组合形成持续稳定的合作关系，从而提高流通效率而产生更大的效益。农产品协议流通作为一种把农产品的生产和销售紧密联系起来的流通模式，提升了农产品生产和流通的安全性和可追溯性，并且作为一种连接农产品的生产到消费间各个环节的供应链（或供应链片段)，具有更好的稳定性、灵活性和盈利性，是农产品现代流通体系的重要组成部分，对于促进农业产业化发展，建设社会主义新农村具有重要意义。①

农产品协议流通模式是依照企业供应链管理思想，利用农产品批发市场、大型加工企业以及连锁零售集团在农产品流通链中的核心企业地位，将上下游的小规模流通主体组织起来，形成供应链管理结构。

1.3.3 信息追溯

跟踪追溯（Tracking and Tracing）就是在产品供应的整个过程中对产品的各种相关信息进行记录存储的质量保障系统，其目的是在出现产品质量问题时，能够快速有效地查询到出问题的原料或流通环节，必要时进行产品召回，实施有针对性的惩罚措施，由此来提高产品质量水平。农产品的跟踪追溯是追踪农产品进入市场各个阶段（从生产到流通的全过程）的系统，有助于质量控制和在必要时召回产品。

1.3.4 拟解决的关键问题

本书中，以加强农产品流通中的信息监控、保障流通过程的有效性、降低流通风险、保障质量安全为目的，对我国农产品协议流通的信息跟踪追溯模式进行研究。

本书拟解决的关键问题是：

---

① 姜刚，周树华．连锁集团主导型果蔬类农产品协议流通模式研究［J］．商业时代，2010(10)：22-23，111.

（1）研究不同协议流通模式下的信息跟踪及追溯的特点，以及管理控制需求；

（2）对于不同的农产品协议流通模式下的信息跟踪追溯体系进行设计与构建；

（3）研究信息跟踪追溯体系中的管理控制方法，实现追溯成本最小化策略。

本书主要从以下三个方面进行不同层面的创新工作：

（1）理论创新：对农产品协议流通模式从供应链管理的理论角度，从保障农产品质量安全的角度研究其中的信息流动及对信息跟踪追溯的需求，将供应链管理理论、农产品流通理论、物流信息技术等相结合进行研究，在理论上具有一定的创新性；

（2）内容创新：对农产品流通模式，在基于信息技术下的供应链管理理论指引下进行机制、结构和系统的研究，并力图设计和构建适合于不同协议流通模式的农产品信息跟踪追溯体系；

（3）应用创新：结合供应链管理理念，研究信息跟踪追溯的模式，通过案例调查及对典型企业的实证分析，为农产品可追溯体系的构建和推广应用提供借鉴。

1.4 主要研究内容和组织结构

1.4.1 本书的主要研究内容

本书主要针对不同的典型协议流通模式构建相应的信息追溯体系问题展开研究，主要内容如下。

（1）运用现代管理理论、系统工程、软件工程等相关理论和方法对其进行分析，确定系统跟踪追溯的重点环节和目标，并且研究可用于物流跟踪追溯的相关技术，结合农产品本身的流通特点，对协议流通进行重新定义，并明确信息追溯的重点环节。并对参加协议流通的企业与农户进行行为分析，研究参与者对于遵守协议的意愿。

（2）详细分析农产品供应链的信息追溯模式，将成本管理和信息管理的理念与农产品流通的实际相结合，确定一种全新的信息追溯方式，以期在实现农产品信息追溯的同时，尽可能的降低成本，并与现阶段的农产品流通现状相结合。

（3）通过对核心企业供应链组织型、连锁集团主导型、批发市场服务拓展型三种典型的协议流通模式中的信息流动方式进行分析，以及对物流跟踪追溯的重点环节和对相关技术的研究，针对不同的协议流通模式，分别构建适合的信息追溯模式，满足当前企业和顾客对于物流相关信息的跟踪追溯需求，并为产品的质量安全提供有力的信息保障。

（4）结合流通模式的利益机制分析、效率分析、风险分析、稳定性分析、基于消费者需求的满意度等来分析企业行为，构建典型流通模式的信息追溯体系架构，基于供应链理论的流通模式管理策略、流通模式中质量安全的保障、竞争力评价、成本分析等，最后提出我国农产品协议流通模式下的信息追溯模式。

（5）结合案例调查和对典型企业的实证分析，总结归纳实施信息追溯系统的影响因素，并且结合农产品流通中信息追溯的实际情况，提出相应的政策建议，以期能推动农产品流通的顺畅、高效、低成本运行。

1.4.2 本书的组织结构

本书共分为七章，各章主要内容如下。

第 1 章绪论，介绍本书的研究背景、提出要解决的主要问题及本书的主要工作，简要说明本书的组织结构。

第 2 章相关理论和技术研究，对与本书工作密切相关的研究内容进行讨论，主要包括农产品流通理论、协议流通理论、可追溯的理论、跟踪追溯技术、供应链管理理论，以及博弈论、系统论等。

第 3 章基于协议的流通模式，提出农产品协议流通的模式定义，并与原有的协议流通定义的区别和具体实施步骤进行详细讨论，并用博弈论的方法对企业与农户的行为进行分析，明确各参与方对合作的态度。

第 4 章基于协议流通模式的信息追溯体系架构，提出了一种基于协议流通模式的信息追溯体系架构，并分别从经济学分析、信息流分析以及信息追溯模式等不同角度进行详细分析，最后给出可适用于多种典型流通模式的信息追溯体系的基本架构和实现原理。

第 5 章典型模式下的信息追溯系统设计与实现，首先提出了三种典型模式下的信息追溯需求，之后，讨论了面向这三种典型模式的设计和实现方案。

第 6 章三种典型模式的信息追溯应用及比较，作为本书方法在实际开发中的应用和验证，讨论了三种典型模式的信息追溯的不同应用场景并给以比较。

第7章结论与建议，对全书的研究工作进行总结，并指出进一步的工作。

1.5 研究方法和技术路线

1.5.1 研究方法

1. 调查分析研究方法

对国内外物流企业的运作状况进行详细调查，采用包括召开座谈会、发放调查问卷、到企业调研等多种调查方法，尽可能多地了解企业和消费者的实际需求。

通过调查，要分别从参与企业、消费者、农户等多个角度详细了解他们在农产品流通中所发挥的作用、涉及的信息，以及对于农产品进行信息追溯的需求，并利用关键成功因素法来确定为了更好的实现农产品的信息追溯，哪些因素是最为重要的影响因素。

关键成功因素法（Critical Success Factors，CSF）是通过分析找出使得企业成功的关键因素，然后再围绕这些关键因素确定系统的需求，并进行规划分析的方法。运用关键成功因素法的目的是通过企业的关键成功因素，确定企业运营管理的关键信息需求。

关键因素，是指在一个企业运营管理中的一些因素或领域，这些因素或领域的状态决定着企业的运营状况，关键成功因素是企业中绝对不能出差错的地方。关键成功因素是在探讨产业特性与企业战略之间关系时常使用的观念，是在结合本身的特殊能力，对应环境中重要的要求条件，以获得良好的绩效。在现行系统中，总存在着多个变量影响系统目标的实现，其中若干个因素是关键的和主要的（即成功变量）。通过对关键成功因素的识别，找出实现目标所需的关键信息集合，以便能在决策时抓住主要矛盾。

关键成功因素的重要性置于企业其他所有目标、策略和目的之上，寻求管理决策阶层所需的信息层级，并指出管理者应特别注意的范围。若能掌握少数几项重要因素（一般关键成功因素有5~9个），便能确保相当的竞争力，它是一组能力的组合。如果企业想要持续成长，就必须对这些少数的关键领域加以管理，否则将无法达到预期的目标。

关键成功因素法的实施步骤包括：①确定企业战略目标；②识别所有成功因素；③确定关键成功因素；④明确各关键成功因素的性能指标和需求信息，其具体的实施步骤如图1-2所示。

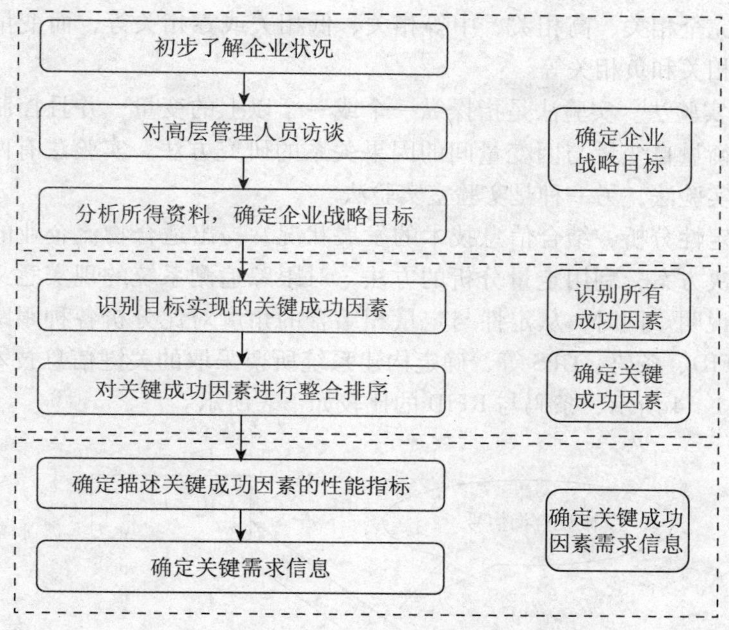

图1－2 关键成功因素法的实施步骤

2. 定性与定量相结合的研究方法

定性研究是指通过发掘问题、理解事件现象、分析人类的行为与观点以及回答提问来获取敏锐的洞察力。几乎每天在每个工作场所和学习环境下都会进行定性研究。定性研究是研究者用来定义问题或处理问题的途径。具体目的是深入研究对象的具体特征或行为，进一步探讨其产生的原因。如果说定量研究解决“是什么”的问题，那么定性研究解决的就是“为什么”的问题。定性研究通过分析无序信息探寻某个主题的“为什么”，而不是“怎么办”，这些信息包括各类信息，如历史记录、会谈记录脚本和录音、注释、反馈表、照片以及视频等。与定量研究不同，它并不仅仅依靠统计数据或数字来得出结论。它也有像“扎根理论”“人种学”等正式的研究方法。

定量研究设计的主要方法有调查法、相关法和实验法。

（1）调查法。调查法是一种古老的研究方法，是指为了达到设想的目的，制订某一计划全面或比较全面地收集研究对象的某一方面情况的各种材料，并作出分析、综合，得到某一结论的研究方法。

（2）相关法。相关法是指经由使用相关系数而探求变量间关系的研究方法。相关研究的主要目的，是确定变量之间关系的程度与方向。变量关系的程度，有完全相关、高相关、中等相关、低相关或零相关等；而变量关系的方向有正相关和负相关等。

（3）实验法。实验法是指操纵一个或一个以上的变量，并且控制研究环境，借此衡量自变量与因变量间的因果关系的研究方法。实验法有两种，一种是自然实验法，另一种是实验室实验法。

通过定性分析，结合信息技术的发展状况，提出适合物流企业的跟踪追溯系统解决方案，利用定量分析的方法，对跟踪追溯系统的现实意义和工作难点进行说明。同时，从定性与定量相结合的角度对比分析各种跟踪追溯技术，如 RFID、条码、GPS 等，确定构建系统所要采取的关键信息技术，如图 1－3、图 1－4 所示，条码与 RFID 的比较如下表所示。

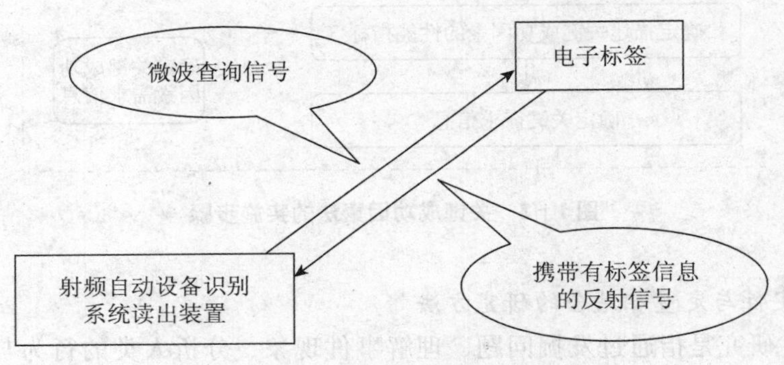

图 1－3　RFID 的工作原理

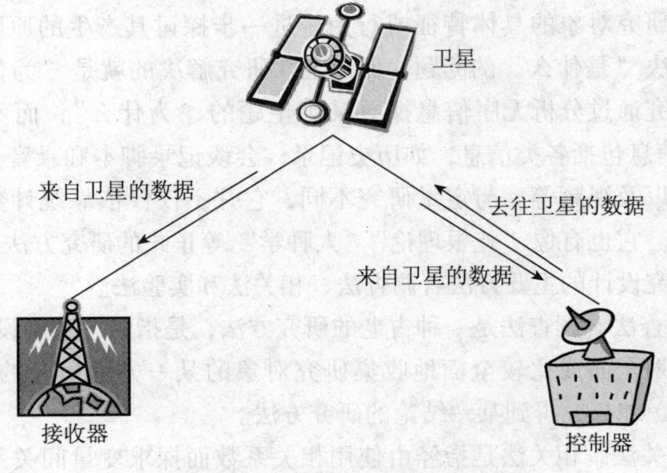

图 1－4　GPS 的工作原理

条码技术与 RFID 技术的比较

比较内容	条码技术	RFID 技术
读取速度	快，是键盘录入的 20 倍，每次能读取一个条码	很快，每次能读取多个标签
准确性	较高	很高
抗污染性	弱	强
穿透性	弱	强
容量	相对较小	很大
安全性	较低	高，可加密
成本	很低，每个条码几分钱	较高，每个标签几元，甚至十几元

3. 理论分析与实证研究相结合的方法

本书中对农产品流通和供应链管理理论发展的相关理论进行梳理，借鉴国内外已有研究成果，应用管理学、经济学、博弈论、组织行为学、技术经济学、供应链管理、运筹学等相关理论，为后续研究提供理论基础。

实证研究指研究者亲自收集观察资料，为提出理论假设或检验理论假设而展开的研究。实证研究具有鲜明的直接经验特征。实证主义所推崇的基本原则是科学结论的客观性和普遍性，强调知识必须建立在观察和实验的经验事实上，通过经验观察的数据和实验研究的手段来揭示一般结论，并且要求这种结论在同一条件下具有可证性。根据以上原则，实证性研究方法可以概括为通过对研究对象大量的观察、实验和调查，获取客观材料，从个别到一般，归纳出事物的本质属性和发展规律的一种研究方法。

（1）数理实证研究。数理实证研究比较适合研究较为复杂的问题。社会经济制度之间存在着极为复杂的相互作用机制，而运用数学计量工具可以将有关影响因素予以固定，从而把握复杂现象之间的内在联系，消除变量内生性、异方差和多重共线性问题。但数理实证研究对于数据质量相对要求较高，数据录入和操作错误往往会导致错误的分析结果。这就需要研究者在数据录入中保持高度警觉，有意识地避免操作失误。

（2）案例实证研究。案例研究可以分为单个案研究和多个案研究。个案研究不仅有助于积累不同广泛而深入的个案资料，形成对于问题的实感，也可以为调查者获得第一手资料，从现实获取灵感源泉。不仅如此，在许多个案调查的基础上，可以为构建相应的理论框架提供坚实基础，在这一基础上提出的相关对策，就会既具有深度，又具有前瞻性和现实针对性。如何将个案研究获得的实感与理论构建结合起来，是当前三农研究必须解决的重大问题。

本书中的信息追溯模式构建部分，将针对不同的农产品协议流通类型进行相关的实证研究，为科学地建立和完善我国农产品协议流通的信息追溯体系提供有力的实证支持。

4. 博弈论

博弈论是研究在一定的约束条件下，决策主体的行为发生直接相互作用时的决策以及决策的均衡问题。传统经济理论中，一般认为个人的效用函数是由个人自身的选择所决定的，在实际情况中，个人的效用函数不仅和自身的选择相关，还和其他人的选择相关，并且，其他人的选择和个人的选择相关，而个人的选择也和其他人的选择相关，合适的战略集合将达到均衡，这些都属于博弈论的研究范畴。可用于本书协议流通中供应链各方在信息跟踪追溯时的责权利分配及利益分配机制研究。

（1）讨价还价博弈模型。讨价还价博弈模型可用来分析农产品流通中在信息追溯时的利益分配问题。

讨价还价博弈模型的一般模型形式通常表现为“Rubinstein－Stahl 讨价还价模型”，该模型的基本定理为：给定卖方（Seller，用 S 表示）和买方（Buyer，用 B 表示），B 第一次开价，次数无限，贴现因子 $0<\delta_B<1$，$0<\delta_S<1$，当拒绝与接受无所谓，认为接受，则存在唯一子博弈完美均衡。贴现因子 =1/（1+收益率）=1－耐心成本因子。

模型博弈均衡解的界定：如果 B 首轮开价，则该讨价还价博弈的均衡解为：

$$x^* = (1-\delta_S)/(1-\delta_S\delta_B)$$

或
$$1-x^* = [\delta_S(1-\delta_B)]/(1-\delta_S\delta_B)$$

讨价环节模型中有三个方面的因素非常重要：第一，是定价权问题，即谁占据定价权的相对优势；第二，是有限耐心还是无限耐心，即讨价还价的次数是有限还是无限；第三，讨价还价双方通过预测对方的报价来确定己方的最优报价。

（2）囚徒困境博弈模型。囚徒困境博弈模型用以分析参与农产品流通的各主体对于信息可追溯的态度及合作意愿。

在博弈论中，含有占优战略均衡的一个著名例子是由塔克给出的“囚徒困境”（prisoners’dilemma）博弈模型。

每个局中人的目标：最大化其盈利；每个人的盈利不仅取决于自己如何“出招”，也取决于别人如何“出招”。

艾克斯罗德（Robert Axelrod）在开始研究合作之前，设定了两个前提：第一，每个人都是自私的；第二，没有权威干预个人决策。也就是说，个人可以完全按照自己利益最大化的企图进行决策。如同博弈论的其他例证，囚徒困境假定每个参与者（即“囚徒”）都是利己的，即都寻求最大自身利益，而不关心另一参与者的利益。参与者某一策略所得利益，如果在任何情况下都比其他策略低的话，此策略称为“严格劣势”，理性的参与者绝对不会选择，另外，在没有任何其他力量干预个人决策时，参与者可完全按照自己的意愿选择策略。

在此前提下，合作要研究的问题是：第一，人为什么要合作；第二，人什么时候是合作的，什么时候又是不合作的；第三，如何使别人与你合作。

社会实践中有很多合作的问题。比如国家之间的关税报复，对他国产品提高关税有利于保护本国的经济，但是国家之间互提关税，产品价格就提高了，丧失了竞争力，损害了国际贸易的互补优势。在对策中，由于双方各自追求自己利益的最大化，导致了群体利益的损害。对策论以著名的囚犯困境来描述这个问题。

在研究中发现，合作的必要条件是：第一，关系要持续，一次性的或有限次的博弈中，对策者是没有合作动机的；第二，对对方的行为要做出回报，一个永远合作的对策者是不会有人跟他合作的。

那么，如何提高合作性呢？第一，要建立持久的关系。第二，要增强识别对方行动的能力，如果不清楚对方是合作还是不合作，就没法回报他了。第三，要维持声誉，说要报复就一定要做到，人家才知道你是不好欺负的，才不敢不与你合作。第四，能够分步完成的对局不要一次完成，以维持长久关系，比如，贸易、谈判都要分步进行，以促使对方采取合作态度。第五，不要嫉妒人家的成功，“一报还一报”正是这样的典范。第六，不要首先背叛，以免担上罪魁祸首的道德压力。第七，不仅对背叛要回报，对合作也要作出回报。第八，不要耍小聪明，占人家便宜。

5. *系统分析方法*

系统分析方法是指把要解决的问题作为一个系统，对系统要素进行综合分析，找出解决问题的可行方案的咨询方法。系统分析是一种研究方略，它能在不确定的情况下，确定问题的本质和起因，明确咨询目标，找出各种可行方案，并通过一定标准对这些方案进行比较，帮助决策者在复杂的问题和环境中做出科学抉择。

系统分析方法来源于系统科学。系统科学是20世纪40年代以后迅速发展起来的一个横跨各个学科的新的科学部门，它从系统的着眼点或角度去考察和研究整个客观世界，为人类认识和改造世界提供了科学的理论和方法。

系统分析或系统方法，就其本质而言，是一种根据客观事物所具有的系统特征，从事物的整体出发，着眼于整体与部分、整体与结构及层次，结构与功能、系统与环境等的相互联系和相互作用，求得优化的整体目标的现代科学方法以及政策分析方法。拉兹洛认为，系统论为我们提供一种透视人与自然的眼光，“这是一种根据系统概念，根据系统的性质和关系，把现有的发现有机地组织起来的模型”。贝塔朗菲则将系统方法描述为：提出一定的目标，为寻找实现目标的方法和手段就要求系统专家或专家组在极复杂的相互关系网中按最大效益和最小费用的标准去考虑不同的解决方案并选出可能的最优方案。

系统分析方法用在本书中，主要是从供应链的角度，来寻求整个供应链的整体最优，而不仅仅是各参与主体的局部最优。本书在构建不同协议流通模式下的信息追溯体系时，从整个系统的角度来分析成本和收益，从而达到真正的最优。

1.5.2 技术路线

本书使用的技术路线如图 1－5 所示。

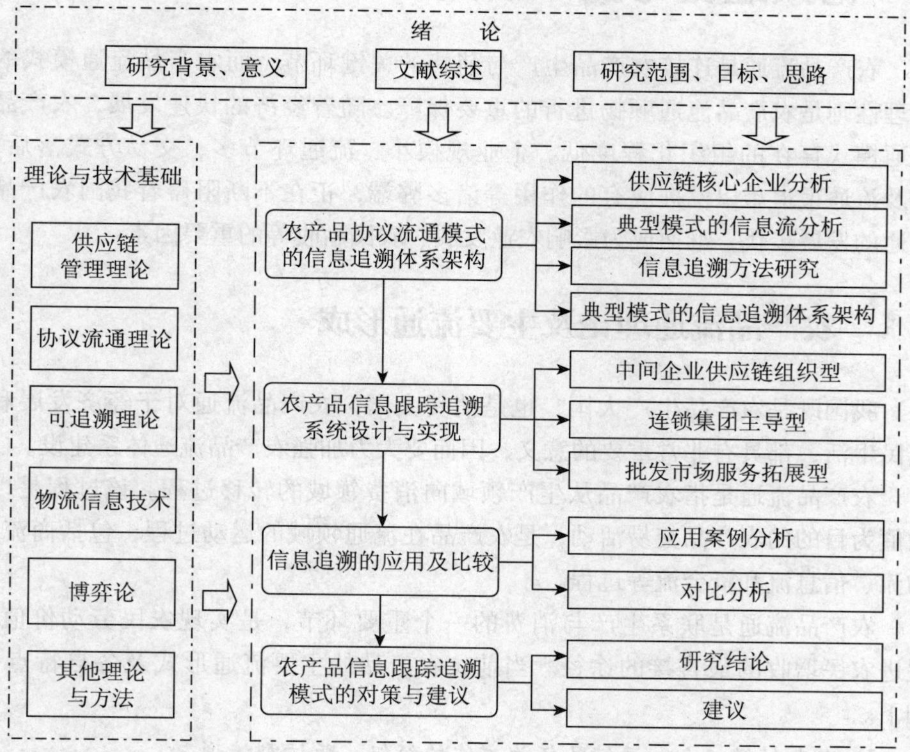

图 1－5 技术路线示意

2 相关理论与技术研究

农产品流通是连接农产品生产与消费的关键环节，而农产品流通模式的合理性则是农产品流通顺畅进行的重要保障。随着经济的快速发展，农产品流通模式存在的组织化程度低、企业规模小、流通环节多、交易方式落后，以及流通渠道难以发挥应有的作用等诸多弊端，正在不断阻碍着我国农产品流通的发展步伐，继而成为影响农业发展、农民增收等的重要因素。

2.1 农产品流通理论及主要流通形成

我国既是农产品生产大国，也是消费大国，农产品流通对于经济发展和人民生活，都具有非常重要的意义，因而要大力加强农产品流通体系建设。

农产品流通是指农产品从生产领域向消费领域的转移过程。该过程是以增值为目的的农产品交易活动，是农产品在流通领域的运动过程，包括商流、物流、信息流和资金流等过程。

农产品流通是联系生产与消费的一个重要环节，是实现农民劳动价值、促进农民增收的最直接的途径。当前，农产品的主要流通形式及各自特点①如下。

1. 以农村经纪人和运销队伍为主体的经纪、贩运型流通

其特点是农民自己闯市场，找销路、搞运销，具有积极性、自主性、灵活性。

存在的问题主要是：组织化程度低，比较分散，市场不确定性非常大，信誉度不高。

解决方法：此种类型的流通是我国当前农产品流通的重要形式，目前我国农村经纪人达38 万余户，因此对这类形式要继续鼓励发展，工作的重点是提高其组织化程度，引导其形成专业化的协会或相对集中的合作组织，建立管理制度。

---

① 松际农网．我国农产品流通形式的发展与完善［EB/OL］．（2007 - 06 - 05） http：//www.99sj.com/News/112734.htm.

2. 以龙头企业为组织形式的加工贸易型流通

其特点是以农产品加工企业为载体，企业与农户之间建立紧密的产销关系，实现产销一体化经营。

存在的问题主要是：如何解决好公司与农户双方契约约束的脆弱性的问题。

解决办法：一方面，进行组织上的创新；另一方面，通过制定相关规则来明确龙头企业和农户的权利和义务。

3. 以农产品批发市场为龙头的市场带动型流通

其特点是通过培育市场，形成产品集散、信息发布、价格形成中心，促进农产品储存、加工、交易、集散、物流配送等功能的实现，以大市场带动大流通。如山东寿光蔬菜批发市场、深圳农产品下属的福田和布吉批发市场。2005 年农产品批发市场的交易额达到 3600 亿元。

存在的主要问题是：档次低，缺乏必要的硬件设施，储存加工能力弱，引领农业作用弱。

解决办法：重点扶持一批辐射面广、带动力强的区域性产地和销地批发市场。加强对信息系统、质量检测系统、电子结算系统以及加工储存等配套设施建设，形成产权明晰、管理规范的公司经营主体。

4. 以专业合作组织为载体的合作型流通

其特点是通过建立专业合作社，把从事同类农产品生产经营的农民组织起来，架起一家一户小生产与大市场的桥梁。

主要问题是：覆盖面小，资本、技术、人才缺乏，导致服务水平较低。

解决办法：一是培育发展专业合作组织；二是加强法律制度建设；三是加大政府扶持力度。

5. 以连锁超市为龙头的生产基地及联合采购型流通

存在的问题：一是超市自身的积极性主动性问题，积极开拓市场；二是一些政策条件的问题。

在现阶段，多样性的流通形式适应了当前农产品流通和农业产业化发展的需要，但同时必须看到这几种流通形式也存在着一些问题。一方面有形式本身发育发展中的问题；另一方面也有外部环境和条件的问题。

基于以上五种农产品流通形式存在的问题分析，其共同的解决方案是要强化政府公共服务，优化农产品流通环境：

(1) 完善信息服务，为农产品流通的各环节提供应有的信息，促进农产品的顺畅流通。

(2) 细化农产品流通的政策，加大市场的公益型基础设施的建设投入，对农业产业化龙头企业进行扶持，开通农产品运销的“绿色通道”，降低农产品流通的“额外”成本。

(3) 加强市场监管，制定农产品市场管理办法，规范农产品的流通环境。

(4) 加强农产品质量监管，构建以预防为主，处罚为辅的农产品质量监管机制，尽可能将问题杜绝在发生之前，而对于违规的企业则应予以严惩。

2.2 协议流通理论

针对我国农产品流通现状，围绕解决高效流通模式、关键服务技术和服务机制等问题，国家“十一五”科技支撑计划提出要发展果蔬类农产品协议流通模式，加快农产品流通体系建设。

目前，国内研究协议流通模式的文献不多，主要是针对协议流通典型模式的应用案例分析，如姜刚、周树华结合物美集团案例进行的连锁集团主导型果蔬协议流通模式的 SWOT 分析；张荣华、刘洋针对批发市场服务拓展型果蔬协议流通模式进行了研究；刘静、申东华则对零售企业定点型果蔬协议流通模式的关键环节和运营中的问题进行了剖析；张浩、安玉发基于系统流理论分析了四种协议流通典型模式的体系架构和特点；刘雯、彭科、安玉发对于果蔬协议流通中的管理服务机制和竞争优势进行了相应的研究。但总体来说，已有研究并没有考虑在流通过程中的信息传递及共享问题，也没有将协议流通的方式与农产品的信息跟踪与追溯相结合。

2.2.1 协议流通的含义

根据中国农业大学安玉发教授主持的“十一五国家科技支撑计划项目：农村流通管理与服务体系建设关键技术研究开发及示范工程——果蔬类农产品协议流通管理与服务应用示范”计划立项书中的定义，协议流通是指以供应链管理思想为指导，以协议管理为主要手段创建各参与流通主体之间的业务协同，通过信息化服务建立核心技术平台，提高消费、流通、生产主体之间的信息对称性，达到降低生产和流通的盲目性，有效控制流通损耗，实现流通成本的节约，提高果蔬流通效率的目的。

所谓“农产品协议流通”是指在农产品生产和销售中各利益相关方以各种协议的形式明确各自的分工、责任和权利，使得农产品的生产要素和流通要素依据各自在生产和销售中的优势重新组合形成持续稳定的合作关系，从而提高流通效率而产生更大的效益。作为一种把农产品的生产和销售紧密联系起来的流通模式，提升了农产品生产和流通的安全性和可追溯性，并且作为一种连接农产品的生产到消费间各个环节的供应链（或供应链片段），具有更好的稳定性、灵活性和盈利性，是农产品现代流通体系的重要组成部分，对于促进农业产业化发展，建设社会主义新农村具有重要意义。①

农产品协议流通模式是依照企业供应链管理思想，利用农产品批发市场、大型加工企业以及连锁零售集团在农产品流通链中的核心企业地位，将上下游的小规模流通主体组织起来，形成供应链管理结构。

2.2.2 协议流通模式

结合“果蔬类农产品协议流通管理与服务应用示范”的研究内容，将目前我国农产品的协议流通模式划分为四种主要类型。②

1. 批发市场服务拓展型

批发市场服务拓展型流通模式以批发市场为核心，批发市场作为供应链核心企业，有效连接供应与销售环节，批发市场对上下游的服务拓展是其成为供应链核心企业的关键。由于产地与销地批发市场的空间位置、供应链定位以及服务对象不同，在功能与服务上有不同的侧重点。产地批发市场的定位与发展方向为区域农产品集散中心、仓储物流中心和生产信息中心，突出集散、仓储运输、生产与供求信息查询发布及产销对接等服务功能。销地批发市场的定位与发展方向为城市仓储配送中心、展示交易中心与信息中心，一般位于城市近郊，应突出仓储、分级包装、加工配送、展览展示、会议洽谈及电子商务等功能。

2. 核心企业供应链组织型

该模式以实力雄厚的加工、贸易型企业为核心，加工贸易企业可通过其强大的国内外分销网络，将农产品直接送达终端。在供应链架构中，这类核心企业上游连接生产端，下游连接销售端，处于生产与销售间的枢纽位置，应充分发挥其在供应链中的组织作用。

3. 连锁集团主导型

该模式以连锁集团为核心企业，连锁集团通过其强大快捷的信息系统、

---

① 姜刚，周树华．连锁集团主导型果蔬类农产品协议流通模式研究［J］．商业时代，2010（10）：22-23，111.

② 张浩，安玉发．农产品协议流通模式：基于系统流理论的分析［J］．中国流通经济，2010，24（2）：19-22.

庞大的终端分销网络及雄厚的资金实力，成为供应链的核心企业。目前实践中出现的“农超对接”形式，就是连锁集团主导型流通模式的一种表现。

4. 零售企业定点型

该模式以单店超市（非连锁型超市、零售卖场）为主，与农贸市场相比，单店超市的经营主体具有一定规模，但其规模和实力明显弱于连锁集团，一般不会配备强大的信息系统，也没有实力派出大量采购员直接去产地批量采购。因此，这种模式可以依靠批发市场、供应商、合作社来供货。目前农产品流通实践中出现的“批零对接”形式，就是该模式的一种表现。其对批发市场的依赖度较之批发市场服务拓展型所主要服务的对象要弱一些。

2.3 可追溯技术

继欧盟为应对疯牛病问题于1997年开始逐步建立食品可追踪系统后，全球很多国家都为加强食品安全信息传递，保护消费者利益，大力推广食品可追溯体系。

2.3.1 可追溯的内涵

目前，关于食品可追溯性（traceability）的定义还没有统一的权威定论。联合国食品法典委员会（Codex Alimentarius Commission，CAC）给出的定义是指能够追溯食品在生产、加工和流通过程中任何指定阶段的能力；欧盟委员会（EC 178/2002）关于食品可追溯性的定义是指在食品、饲料、用于食品生产的动物或用于食品或饲料中可能会使用的物质，在全部生产、加工和销售过程中发现并追寻其痕迹的可能性。①

食品可追溯体系（Food Traceability System）是在以欧洲疯牛病危机为代表的食源性恶性事件在全球范围内频繁爆发的背景下，由法国等部分欧盟国家在CAC生物技术食品政府间特别工作组会议上提出的一种旨在加强食品安全信息传递，控制食源性疾病危害和保障消费者利益的信息记录体系②，主要包括记录管理、查询管理、标识管理、责任管理和信用管理五个部分③。根据

---

① 刘雅丹．水产品贸易的可追溯性［J］．中国水产，2004（9）：36-37，40.

② 于辉，安玉发．在食品供应链中实施可追溯体系的理论探讨［J］．农业质量标准，2005（3）：39-41.

③ 方炎，高观，范新鲁，等．我国食品安全追溯制度研究［J］．农业质量标准，2005（2）：37-39.

食品可追溯体系自身特性的差异，美国学者 Elise Golan 设定了衡量食品可追溯体系的三个标准：宽度（breadth）、深度（depth）和精确度（precision）。其中，宽度指系统所包含的信息范围，深度指可以向前或向后追溯信息的距离，精确度指可以确定问题源头或产品某种特性的能力①。

2.3.2 实施农产品可追溯系统的必要性②

可追溯系统最早应用于汽车、飞机等一些工业品的产品召回制度中。自 20 世纪 70 年代以来，疯牛病、禽流感、苏丹红、三聚氰胺等事件相继暴发，食品安全问题引起了人们的广泛关注，实施农产品信息跟踪追溯的重要性日益凸显。

1. 是控制农产品质量安全的有效手段

ISO 9000 认证、QS 认证、食品安全法等多种有效的控制食品安全的管理办法，纷纷被引入并在实践中运用，取得了一定的效果。但是它们主要是针对加工环节的监督监控，而对于供应链的各环节间的整体监控尚不能实现。信息跟踪追溯强调产品的唯一标识和全过程追踪，可以实现对整个供应链各个环节的产品信息的跟踪与追溯，一旦发生食品安全问题，可以有效地追踪到食品的源头，及时召回不合格产品，将损失降到最低。同时，还可以明确责任，避免相互推诿责任的情况。

2. 是国际贸易发展的重要趋势

在国际上，欧盟、美国等发达国家和地区要求对出口到当地的部分食品必须具备可追溯性要求。发达国家建立的食品质量安全追溯体系，除了可以有效保证食品安全和可以溯源外，其贸易壁垒的作用也日益凸显。因此，建立农产品信息跟踪追溯体系不仅是保障质量安全的需要，同时也是打破贸易壁垒的重要手段，可以大大提高我国农产品在国际市场上的竞争力。

2.3.3 国内外可追溯体系的现状

欧盟 2002 年 7 月制定了 1760/2000 指令，对牛的识别、注册体系以及牛肉制品的表示做出了明确规定。欧盟法规 178/2002 要求从 2004 年起在欧盟范围内销售的所有食品都能够进行跟踪与追溯，否则就不允许上市销售。另外，

---

① GOLAN E，KRISSOFF B，CALVIN L，et al. Traceability in the US Food Supply：Economic Theory and Industry Studies［J］. Agricultural Economic Report，2004：830（3）.

② 王晓平，张浩，安玉发. 农产品协议流通中的信息跟踪追溯模式研究［J］. 物流技术，2010，29（8）：122－124.

2004 年 4 月底，在德国布莱梅市举行的联合国粮农组织（FAO）渔业委员会水产品贸易分委会第九次会议上，欧盟明确表示从 2005 年 1 月 1 日起，凡在欧盟市场销售的水产类食品商品必须贴有可追溯标签，否则拒绝进入。①

美国国会 2002 年通过了《生物反恐法案》，将食品安全提高到国家安全战略高度，国家对食品安全实行强制性管理，要求企业必须建立产品可追溯制度。食品与药品管理局（FDA）要求在美国国内和外国从事生产、加工、包装或掌握人群或动物消费的食品部门，与 2003 年 12 月 12 日前必须向 FDA 登记，并应建立和保持可查询原料供应商和产品收购商的生产记录。2004 年 5 月美国公布《食品安全跟踪条例》，要求所有涉及食品运输、配送和进口的企业要建立并保全相关食品流通的全过程记录。②

日本从 2001 年起在肉牛生产供应体制中全面导入信息可跟踪系统。2002 年 6 月 28 日，日本农林水产省正式决定，将食品信息可追踪系统推广到牡蛎等水产养殖产业，使消费者在购买水产品时可以通过商品包装获取品种、产地以及生产加工流通过程的相关履历信息。2003 年 6 月通过了《牛肉个体识别情报管理特别措施法》，并于同年 12 月 1 日开始实施。2004 年 12 月开始实施牛肉意外食品的追溯制度。③

我国食品可追溯体系制度建设还处于起步阶段，各地区、各部门开展了一些试点示范工作。2004 年起，农业部启动“进京蔬菜产品质量追溯制度”；南京市启动农产品质量 IC 卡管理体系④；上海市搭建“上海食用农副产品质量安全信息平台”，对食用农副产品的生产过程监控、条码识别和网络查询进行系统管理，企业通过“食用农副产品安全信息条码”给每个产品建立起相应的生产档案；海南有关部门通过采用 EAN－UCC 系统，对该省水产品生产、包装、储藏、运输、销售的全过程进行标识；天津率先实施猪肉安全追溯制度；山东在寿光田苑蔬菜基地和洛城蔬菜基地采用条码技术进行蔬菜质量安全可追溯系统的探索。

2005 年白云峰、陆昌华等设计了肉鸡安全生产质量监控可追溯系统，2006 年陆昌华、谢菊芳等运用 SQL Sever2000 和 VB. NET 实现了工厂化猪肉安

---

① 杨尚斌，译．欧盟关于食品安全追溯制度的法律规定摘要［J］．肉品卫生，2005，23（1）：44.

② 邢文英．美国的农产品质量安全可追溯制度［J］．世界农业，2006（4）：39－41.

③ 郭斌，杨昌举，宋林．食品信息可追踪系统及其在转基因食品管理中的应用［J］．中国食物与营养，2004（1）：4－6.

④ 施泽平．农产品质量安全实施 IC 卡监管的实践与思考［J］．农业质量标准，2005（6）：24－26.

全生产溯源数字系统，对于国内禽畜肉产品的跟踪与追溯系统研究积累了宝贵的经验。2005 年昝林森、郑同超等设计研制开发了“牛肉安全生产全过程质量跟踪与追溯信息系统”，这是国内第一个对牛肉安全生产加工全过程进行质量跟踪与追溯的信息管理系统，该系统是单机操作，不适合网络化管理。

2.3.4 跟踪追溯技术

可追溯体系主要涉及产品个体或批次的标识、产品移动或转化的时间和地点信息，以及中央数据库和信息传递系统三个方面的基本要素。近年来，随着计算机网络技术的不断发展和普及，可追溯体系的关键技术的研究和应用都有了很大的突破。

常用的信息跟踪追溯技术有条码技术（Bar Code，BC）、无线射频识别技术（Radio Frequency Identification，RFID）、全球定位系统（Global Positioning System，GPS）、数据库技术和网络技术等。通常，条码技术与 RFID 技术是直接与产品接触，采集产品的生产、加工、销售等各环节的信息；而 GPS 则通常是对物流过程进行跟踪监控，标识产品移动或转化的相关信息；数据库技术和网络技术则用来支持庞大的数据存储和传递，供应用系统调用，从而完成产品信息的查询。

1. 条码技术

条码技术（Bar Code）或称为 BC 技术，是在计算机应用中产生并发展起来，并广泛应用于商业、邮政、图书管理、仓储、工业生产过程控制、交通等领域的一种自动识别技术，具有输入速度快、准确度高、成本低、可靠性强等优点，在当今的自动识别技术中占有重要的地位。物流业利用条码技术可对物品进行识别和描述，从而解决了数据录入和数据采集的瓶颈问题，为供应链管理提供了有力支持。

条码是由一组按一定编码规则排列的条、空符号，用以表示一定的字符、数字及符号组成的信息。条码系统是由条码符号设计、制作及扫描阅读组成的自动识别系统。条码有一系列的优点，如可靠准确，条码输入平均每 15000 个字符一个错误，如果加上校验位出错率是千万分之一；数据输入速度快，其输入速度是键盘输入的 5 倍；经济便宜，与其他自动化识别技术相比较，所需费用较低；设备简单，条码符号识别设备的结构简单，操作容易；易于制作，对印刷技术设备和材料无特殊要求，等等。由于条码所具有的这些优点，使其在对产品的标识等很多领域得到了广泛的应用。

条码技术在农产品的跟踪追溯中起的作用主要是进行信息的采集和使用。

而条码技术将以两种身份参与其中：

作为商品条码，要包含商品的各项关键信息；

作为物流条码，则包含的更多的是物流信息。

虽然作为不同的身份，条码技术在农产品的跟踪追溯过程中发挥的作用不同，但是，它们发挥作用的方式却是相同的，即前端的产品标识、数据采集与后端的数据库管理相结合。通过采集贴在商品上的条码，与后端的数据库相连，结合获得相应的商品信息，克服了人工记录的麻烦。并且条码技术本身价格很低，打印方便，因此在包括农产品流通在内的物流领域应用广泛。

同样，由于条码大多是纸质的，在潮湿的环境下容易破损，而且条码的信息需要提前录入，并且经录入后便不能再进行更改，并且信息采集时只能单个处理，这也为条码的广泛、重复使用带来了严重的制约。

2. RFID 技术

射频识别技术（Radio Frequency Identification，RFID），或称无线射频识别技术，是 20 世纪 90 年代兴起的一项非接触式自动识别技术。它以无线通信技术和存储器技术为核心，伴随着半导体、大规模集成电路技术的发展而逐步形成的，利用射频方式进行非接触双向通信，以达到自动识别目标对象并获取相关数据的目的，具有精度高、适应环境能力强、抗干扰强、操作快捷等许多优点。

与其他自动识别技术相比，射频识别技术具有可非接触识别（识读距离可以从十厘米至几十米）、可识别高速运动物体、抗恶劣环境、保密性强、可同时识别多个识别对象等突出特点，因此广泛应用于物料跟踪、车辆识别、生产过程控制等。近年来，随着大规模集成电路、网络通信、信息安全等技术的发展，射频识别技术进入商业化应用阶段。这一技术由于具有高速移动物体识别、多目标识别和非接触识别等特点，日益显示出巨大的发展潜力与应用空间，被认为是 21 世纪最有发展前途的信息技术之一。

RFID 技术是一种非接触式的自动识别技术，它通过射频信号自动识别目标对象并获取相关数据。其主要的特点是：识别工作无须人工干预，可工作于各种恶劣环境；可识别高速运动物体；可同时识别多个标签，识别效率高；标签由耦合元件及芯片组成，防水防污，等等。由于 RFID 技术所具有的这些特点，使其在对产品的标识、跟踪等很多领域得到了广泛的应用。

在农产品跟踪追溯系统中，RFID 技术主要被用来进行商品信息的采集和利用。同时，由于 RFID 标签中包含大量的信息，对于商品的标识会更加明确和细致；并且信息在录入之后可以反复修改，从而使其可以反复利用；而且随着技术的不断进步和完善，RFID标签已经具有了温度识别的能力，即标签可以随时记录温度的变化情况。所有这些，都为RFID技术的广泛应用奠定了良好的基础。但是其成本偏高（与条码技术相比）是制约其进一步广泛应用的主要因素。

3. GPS技术

GPS（全球定位系统）是英文Global Position System的字头，其含义是利用导航卫星来进行测距，以构成全球定位系统。第一代卫星导航系统最先起源于1958年美国海军卫星导航系统（Navy Navigating Satellite System，NNSS），由于其系统中所有的导航卫星都经过地球极点，因此该系统又被称为子午仪卫星导航系统。

GPS技术通过接收卫星信号，可以在任何地点、任何时候准确地测量到物体瞬时的位置。GPS最初只是运用于军事领域，目前已被广泛应用于交通运输行业，它结合无线通信技术（GSM或CDMA）、地理信息管理系统（GIS）等高新技术，实现对车辆的监控和信号传递，最终可实现对车辆的定位导航、远程监控、轨迹记录等功能。GPS已经广泛应用于对于车辆、货物等的跟踪监控，并及时提供反馈信息。

在农产品跟踪追溯系统中，GPS的作用主要是进行目标定位，通过对目标物体（商品或运输车）的实时定位，来形成物品的移动轨迹，从而帮助管理者及时获取商品的位置信息，便于及时把控商品信息和制定进一步的决策。

4. 数据库技术

数据库技术是现代信息科学与技术的重要组成部分，是计算机数据处理与信息管理系统的核心。数据库技术研究和解决了计算机信息处理过程中大量数据有效地组织和存储的问题，在数据库系统中减少数据存储冗余、实现数据共享、保障数据安全以及高效地检索数据和处理数据。

在农产品流通过程中，消费者在购买产品时也希望获得与产品相关的一系列信息，这些信息可能包括产品的基本信息，如产品名称、生产厂家等，也可能包含更多的信息，如生长过程信息、产品构成信息等，针对不同偏好的消费者会需要不同的信息，这就要求对农产品的各种信息进行储存和传递，以期满足不同消费者的需求。而数据库可以说是解决这一问题的不二选择。

随着需求的不断变化以及数据库技术的不断发展，分布式数据库得到越来越多的关注和应用，由于农产品跟踪追溯要涉及很多不同的参与主体，为了避免各种产品的信息被重复操作，利用分布式数据库则是目前常用的解决方法。借助于网络，分布式数据库可以将分布在不同物理位置的数据库进行联网，形成一个虚拟的逻辑数据库供用户使用。一方面可以满足信息需求，另一方面又可以避免信息的重复录入以及由此产生的信息不一致的情况发生。

5. 网络技术

随着计算机应用领域的扩展和深入，只局限于单个计算机系统来采集、处理信息已不能满足要求，特别是随着信息作为一种资源的重要性逐步被人们所认识，同时信息的覆盖和交流范围越来越广泛，这就需要借助通信技术和线路实现对异地计算机系统的控制访问，乃至把不同地域的计算机系统连接起来，实现资源共享。

计算机网络是现代通信技术与计算机技术相结合的产物。所谓计算机网络，就是把分布在不同地理区域的计算机与专门的外部设备用通信线路互联成一个规模大、功能强的网络系统，从而使众多的计算机可以方便地互相传递信息，共享硬件、软件、数据信息等资源。通俗来说，网络就是通过电缆、电话线，或无线通信等互联的计算机的集合。

网络的功能：通过网络，可以和其他连到网络上的用户一起共享网络资源，如磁盘上的文件及打印机、调制解调器等，也可以和他们互相交换数据信息。

计算机网络是用通信介质把分布在不同地理位置的计算机和其他网络设备连接起来，实现信息互通和资源共享的分布式系统。

也可以把计算机网络简单定义为“一组自主计算机系统的互连”，并可由以下几点加以解释：

（1）被连接的计算机应自成一个完整的系统，即有自己的 CPU、主存储器、终端，甚至辅助存储器，还有完善的系统软件（如操作系统等），能单独进行信息处理加工；

（2）自主性是指联网的计算机之间不存在制约控制关系；

（3）一般的外部设备不能直接挂在网上，只有直接受一台计算机控制的外部设备，通过该台计算机的联网而成为网上资源；

（4）计算机之间的互连通过通信设备及通信线路实现，其通信方式多种多样，通信线路分有线（如双绞线、同轴电缆等）和无线（如微波、卫星通信等）；

（5）要有功能完善的网络软件支持，如网络操作系统，由它控制与协调网络资源的分配、共享等；

（6）联网计算机之间的信息交换要有共同语言，共同语言由事先约定的一套通信协议来实现。

从使用者的角度看，因特网（Internet）是一个庞大、复杂的计算机网络。它是将分布在不同网络上的、不同的计算机通过通信线路连接起来所组成的一个整体。然而，从技术实现的角度看，Internet 是一个“网络的网络”（网际网），它实际上是由许多网络（包括局域网、城域网和广域网）互联而构成的。

Internet 提供了种类繁多的服务项目，其中大多数的服务都采用客户机/服务器的工作模式，这样，可以充分发挥 Internet 的优势，提高系统的工作效率，降低应用系统对硬件的技术要求，使各种类型和档次的计算机（包括普通的微机）都可以作为 Internet 的主机使用。

在农产品流通中，农产品从产地要经过批发商、中间加工商、物流商、零售商等，最终才能到达消费者手中，而与此同时，产品的各种信息也需要在不同阶段之间进行流转共享，这就需要网络技术来实现信息的传递和交流。

近几年发展起来的分布式网络数据库技术，就是数据库技术与网络技术共同发展的产物，可以实现不同地点、场所的数据共享，获得来自于不同位置的信息资源，这也为消费者了解更多的产品信息提供了便利。

2.4 供应链管理理论

供应链管理是近几年在国内外受到广泛重视的一种新的管理理念。供应链管理的研究最早是从物流管理开始的。随着经济全球化和知识经济时代的到来以及全球制造的出现，供应链管理得到了普遍的应用。

“全球供应链”一词最早出现于 1956 年，是实现一系列分散在全球各地的相互关联的商业活动，包括采购原料和零件、处理并得到最终产品、产品增值、对零售商和消费者的配送、在各个商业主体之间交换信息，其主要目的是降低成本扩大收益（Hishleifer，1956）。

1956 年至今，全球供应链研究为跨国公司服务，产生了巨大的经济效益。短期内，全球供应链确实能为发展中国家带来就业、税收和投资，提供参与国际分工的机会，带动制造业发展，促进技术水平提高。从长期来看，发展中国家的比较优势在于廉价劳动力和优惠政策，跨国公司掌握核心技术与品牌销售优势，而发展中国家仅处于配合地位。

2.4.1 供应链的概念和特点

中华人民共和国国家标准《物流术语》（GB/T 18354—2006）中将供应

链的概念定义为“生产及流通过程中，涉及将产品或服务提供给最终用户活动的上游与下游企业所形成的网络结构。”

供应链具有以下特点。

1. 供应链的每个节点都是供应链必不可少的参与者

从范围上观察，供应链把对成本有影响的和在产品满足顾客需求的过程中起作用的每一方都考虑在内：从供应商、制造商、分销商、零售商，物流服务商，直到最终用户。供应链上的节点企业是供需协调、物流同步的关系。

2. 供应链是一条物流链、信息链、资金链、增值链

供应链不仅仅是一条连接从供应商直到最终用户的物流链、信息链、资金链，而且是一条增值链，使所有供应链的参与者受益。物流在供应链上因加工、包装、运输、配送等过程增加了其价值，给相关企业带来了收益。

3. 供应链是由若干供应链集成的网链结构

一个企业可以是一条供应链的成员，同时又是另一条供应链的成员，众多的供应链形成交叉结构。供应链往往由多个、多类型甚至多个企业构成。

2.4.2 供应链管理

中华人民共和国国家标准《物流术语》（GB/T 18354—2006）中定义供应链管理的概念为“利用计算机网络技术全面规划供应链中的商流、物流、信息流、资金流等，并进行计划、组织、协调与控制”。

美国伊文斯认为“供应链管理是通过前馈的信息流和反馈物料流及信息流，将供应商、制造商、分销商、零售商，直到最终用户连成一个整体的管理模式”。

早期供应链管理的重点是库存管理，将管理库存作为平衡有限的生产能力和适应用户需求变化的缓冲手段。现在的供应链管理则把供应链上的各个企业作为一个不可分割的整体，使供应链上的各企业分担的采购、生产、分销和销售的职能成为一个协调发展的有机体。

供应链管理的目的在于追求效率和整个系统的费用的有效性，使系统总成本达到最小。这个成本包括从运输和配送成本到原材料、在制品和产成品的库存成本。供应链管理的重点不在于简单地使运输成本达到最小或减少库存，而在于采用系统方法来进行总成本控制。

供应链管理的要点：

第一，供应链是一个单向过程，链中各环节不是彼此分割的，而是通过链的联系成为一个整体。

第二，供应链管理是全过程的战略管理，从总体来考虑，如果只依赖于部分环节信息，由于信息的局限或失真，可能导致计划失败。

第三，不同链节上的库存观不同，在物流的供应链管理中，不把库存当作维持生产和销售的措施，而将其看成是供应链的平衡机制。

第四，供应链管理采取新的管理方法，诸如用总体综合方法代替接口的方法；用解除最薄弱链寻求总体平衡；用简化供应链方法防止信号的堆积放大；用经济控制论方法实现控制等。

2.4.3 效益背反理论

效益背反（Trade off）又称为“二律背反”“效益悖反”。效益背反表明两个相互排斥而又被认为是同样正确的命题之间的矛盾。效益背反是物流领域中很普遍的现象，是物流领域中内部矛盾的反映和表现。效益背反指的是物流的若干功能要素之间存在着损益的矛盾，即某一功能要素的优化和利益发生的同时，必然会存在另一个或几个功能要素的利益损失，反之也如此。这是一种此长彼消、此盈彼亏的现象，往往导致整个物流系统效率的低下，最终会损害物流系统的各功能要素的利益。

物流系统的效益背反包括物流成本与服务水平的效益背反，以及物流各功能活动的效益背反。

1. 物流成本与服务水平的效益背反

物流成本与服务水平的效益背反如图 2-1 所示（物流成本与服务水平的关系）。

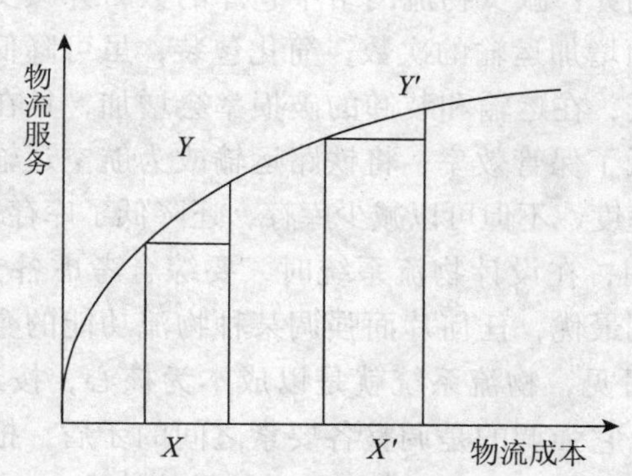

图 2-1　物流与服务成本之间的关系

一般说来，提高物流服务水平，物流成本就会上升，它们之间便是一种效益背反；物流服务与物流成本之间并非呈线性的关系，也就是说，投入一定的成本并非可以带来相同比例的物流服务的增长。一般而言，当物流服务处于低水平阶段追加成本的效果更加明显。

对物流服务和物流成本做决策时应考虑的因素如下。

（1）保持物流服务水平不变，尽量降低物流成本。不改变物流服务水平，通过改进物流系统来降低物流成本，这种尽量降低成本来维持一定服务水平的方法称为追求效益法。

（2）提高物流服务水平，不惜增加物流成本。这是许多企业提高物流服务水平的做法，是企业面对特定顾客或其特定商品面临竞争时所采取的具有战略意义的做法。

（3）保持成本不变，提高服务水平。这是一种积极的物流成本对策，是一种追求效益的方法，也是一种有效的利用物流成本性能的方法。

（4）用较低的物流成本，实现较高的物流服务。这是一种增加销售、增加效益、具有战略意义的方法。只有要求企业合理运用自身的资源，才能获得这样的成果。企业采取哪种物流成本策略，往往不是凭感觉而定的，而是通盘考虑各方面因素的结果。这些因素包括商品战略和地区销售战略、流通战略和竞争对手、物流成本、物流系统所处的环境，以及物流系统负责人所采用的方针等。

2. 物流各功能活动的效益背反

物流的各项活动处于这样一个相互矛盾的系统中，想要较多地达到某个方面的利益，必然会使另一方面的利益受到一定的损失，这便是物流各功能活动的效益背反。例如：减少物流网络中仓库的数目并减少库存，必然会使库存补充变得频繁而增加运输的次数；简化包装，虽可降低包装成本，但却由于包装强度的降低，在运输和装卸的破损率会增加，且在仓库中摆放时亦不可堆放过高，降低了保管效率；将铁路运输改为航空运输，虽然增加了运费，却提高了运输速度，不但可以减少库存，还降低了库存费用。

所有这些都表明，在设计物流系统时，要综合考虑各方面因素的影响，使整个物流系统达到最优，任何片面强调某种物流功能的企业都将会蒙受不必要的损失。由此可见，物流系统就是以成本为核心，按最低成本的要求，使整个物流系统化。它强调的是调整各要素之间的矛盾，把它们有机地结合起来，使成本变为最小，以追求和实现部门的最佳效益。

2.5 博弈论

博弈论（Game Theory），是指研究多个个体或团队之间在特定条件制约下的对局中利用相关方的策略，而实施对应策略的学科。有时也称为对策论，或者赛局理论，是研究具有斗争或竞争性质现象的理论和方法，它是应用数学的一个分支，既是现代数学的一个新分支，也是运筹学的一个重要学科。目前在生物学、经济学、国际关系学、计算机科学、政治学、军事战略和其他很多学科都有广泛的应用。主要研究公式化了的激励结构［游戏或者博弈（Game）］间的相互作用，是研究具有斗争或竞争性质现象的数学理论和方法，也是运筹学的一个重要学科。博弈论基本内容如图 2－2 所示。

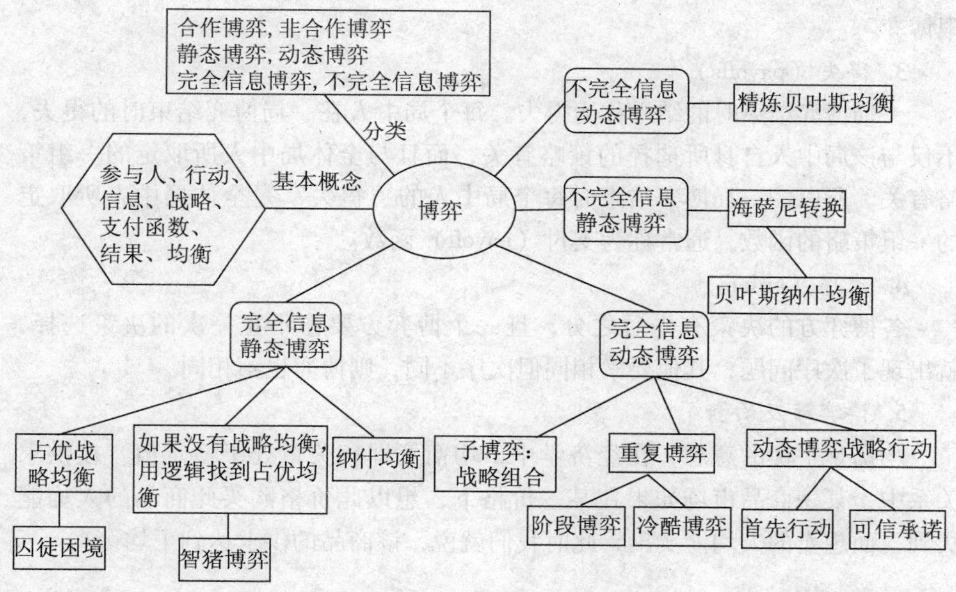

图 2－2　博弈论基本内容

具有竞争或对抗性质的行为称为博弈行为。在这类行为中，参加斗争或竞争的各方各自具有不同的目标或利益。为了达到各自的目标和利益，各方必须考虑对手的各种可能的行动方案，并力图选取对自己最为有利或最为合理的方案。比如日常生活中的下棋、打牌等。博弈论就是研究博弈行为中斗争各方是否存在着最合理的行为方案，以及如何找到这个合理的行为方案的数学理论和方法。

2.5.1 博弈论的基本概念

1. 局中人（players）

在一场竞赛或博弈中，每一个有决策权的参与者称为一个局中人。只有两个局中人的博弈现象称为“两人博弈”，而多于两个局中人的博弈称为“多人博弈”。

2. 策略（strategiges）

一局博弈中，每个局中人都可以选择实际可行的完整的行动方案，即方案不是某阶段的行动方案，而是指导整个行动的一个方案，一个局中人的一个可行的自始至终全局筹划的行动方案，称为这个局中人的一个策略。如果在一个博弈中局中人总共有有限个策略，则称为“有限博弈”，否则称为“无限博弈”。

3. 得失（payoffs）

一局博弈结束时的结果称为得失。每个局中人在一局博弈结束时的得失，不仅与该局中人自身所选择的策略有关，而且与全体局中人所取定的一组策略有关。所以，一局博弈结束时每个局中人的“得失”是全体局中人所取定的一组策略的函数，通常称为支付（payoff）函数。

4. 次序（orders）

各博弈方的决策有先后之分，且一个博弈方要作不止一次的决策选择，就出现了次序问题，其他要素相同但次序不同，则博弈也不相同。

5. 博弈涉及均衡

均衡是平衡的意思，在经济学中，均衡意即相关量处于稳定值。在供求关系中，某一商品市场如果在某一价格下，想以此价格购买此商品的人均能买到，而想卖的人均能卖出，此时我们就说，该商品的供求达到了均衡。

2.5.2 纳什均衡

所谓纳什均衡，是一种稳定的博弈结果。

纳什均衡（Nash Equilibrium）的内容如下。

在一策略组合中，所有的参与者面临这样一种情况，当其他人不改变策略时，他此时的策略是最好的。也就是说，此时如果他改变策略，他的支付将会降低。在纳什均衡点上，每一个理性的参与者都不会有单独改变策略的冲动。纳什均衡点存在性证明的前提是“博弈均衡偶”概念的提出。所谓

“均衡偶”是在二人零和博弈中，当局中人A采取其最优策略 a^*，局中人B也采取其最优策略 b^*，如果局中人B仍采取 b^*，而局中人A却采取另一种策略 a，那么局中人A的支付不会超过他采取原来的策略 a^* 的支付。这一结果对局中人B亦是如此。

这样，“均衡偶”的明确定义为：一对策略 a^*（属于策略集 A）和策略 b^*（属于策略集 B）称之为均衡偶，对任一策略 a（属于策略集 A）和策略 b（属于策略集 B），总有：偶对（a，b^*）≤偶对（a^*，b^*），同时也有偶对（a^*，b^*）≥偶对（a^*，b）。

对于非零和博弈也有如下定义：一对策略 a^*（属于策略集 A）和策略 b^*（属于策略集 B）称为非零和博弈的均衡偶，对任一策略 a（属于策略集 A）和策略 b（属于策略集 B），总有：对局中人 A 的偶对（a，b^*）≤偶对（a^*，b^*）；对局中人 B 的偶对（a^*，b）≤偶对（a^*，b^*）。

有了上述定义，就可以立即得到纳什定理：任何具有有限次策略的二人博弈至少有一个均衡偶。这一均衡偶就称为纳什均衡点。

纳什定理的严格证明要用到不动点理论，不动点理论是经济均衡研究的主要工具。通俗地说，寻找均衡点的存在性等价于找到博弈的不动点。

纳什均衡点概念提供了一种非常重要的分析手段，使博弈论研究可以在一个博弈结构里寻找比较有意义的结果。

但纳什均衡点定义只局限于任何局中人不想单方面变换策略，而忽视了其他局中人改变策略的可能性，因此，在很多情况下，纳什均衡点的结论缺乏说服力，研究者们形象地称之为“天真可爱的纳什均衡点”。

2.5.3 系统均衡

系统论是研究系统的一般模式，结构和规律的学问，它研究各种系统的共同特征，用数学方法定量地描述其功能，寻求并确立适用于一切系统的原理、原则和数学模型，是具有逻辑和数学性质的一门科学。

系统论认为，整体性、关联性、等级结构性、动态平衡性、时序性等是所有系统的共同的基本特征。这些，既是系统所具有的基本思想观点，而且也是系统方法的基本原则，表现了系统论不仅是反映客观规律的科学理论，具有科学方法论的含义，这正是系统论这门科学的特点。贝塔朗菲对此曾作过说明，英语“System Approach”直译为“系统方法”，也可译成“系统论”，因为它既可代表概念、观点、模型，又可以表示数学方法。他说，我们故意用“Approach”这样一个不太严格的词，正好表明这门学科的性质特点。

系统论的核心思想是系统的整体观念。贝塔朗菲强调，任何系统都是一个有机的整体，它不是各个部分的机械组合或简单相加，系统的整体功能是各要素在孤立状态下所没有的性质。他用亚里士多德的“整体大于部分之和”的名言来说明系统的整体性，反对那种认为“要素性能好，整体性能一定好”，以局部说明整体的机械论的观点。同时认为，系统中各要素不是孤立地存在着，每个要素在系统中都处于一定的位置上，起着特定的作用。要素之间相互关联，构成了一个不可分割的整体。要素是整体中的要素，如果将要素从系统整体中割离出来，它将失去要素的作用。正像人手在人体中是劳动的器官，一旦将手从人体中砍下来，那时它将不再是劳动的器官了一样。

系统论的任务，不仅在于认识系统的特点和规律，更重要的还在于利用这些特点和规律去控制、管理、改造或创造一个系统，使它的存在与发展合乎人们的需要。也就是说，研究系统的目的在于调整系统结构，协调各要素关系，使系统达到目标最优化。

系统论的出现，使人类的思维方式发生了深刻的变化。以往研究问题，一般是把事物分解成若干部分，抽象出最简单的因素来，然后再以部分的性质去说明复杂事物。这是笛卡尔奠定理论基础的分析方法。这种方法的着眼点在局部或要素，遵循的是单项因果决定论，虽然这是几百年来在特定范围内行之有效、人们最熟悉的思维方法，但是它不能如实地说明事物的整体性，不能反映事物之间的联系和相互作用，它只适应认识较为简单的事物，而不胜任于对复杂问题的研究。在现代科学的整体化和高度综合化发展的趋势下，在人类面临许多规模巨大、关系复杂、参数众多的复杂问题面前，就显得无能为力了。正当传统分析方法束手无策的时候，系统分析方法却能站在时代前列，高屋建瓴，综观全局，别开生面地为现代复杂问题提供了有效的思维方式。所以系统论，连同控制论、信息论等其他科学一起所提供的新思路和新方法，为人类的思维开拓新路，它们作为现代科学的新潮流，促进着各门科学的发展。

2.6 小结

无论从食品安全的角度，还是从降低农产品物流成本、减少流通损耗的角度，或者是明确问题出现后的相关责任的角度，对农产品进行跟踪追溯的要求越来越强烈，意义越来越重大。随着科学技术的不断发展，以及对农产品研究的不断深入，有了越来越多的理论和技术，能够在农产品流通过程中发挥作用。当然，很多经济学、数学模型，如博弈论，可以更好地分析在农产品流通中各参与方的角色，而系统论，则可以引导我们从系统的角度，来研究整个供应链的整体效益最优。这些理论、方法，以及信息技术，为构架协议流通模式下的农产品信息化追溯体系，奠定了良好的基础，也为我们的研究工作提供了很好的借鉴。

3 基于协议的流通模式

实践表明，供应链运作效率的高低以及整个供应链竞争力的大小，在很大程度上取决于供应链核心企业的协调能力，核心企业的协调功能主要表现在两个方面，一是信息的协调，包括信息的收集、加工和配置。二是供应链上物流的协调，包括农产品的储藏、包装、运输等过程。

3.1 农产品流通过程的经济学分析

3.1.1 农产品流通的过程分析

农产品的流通过程中，主要涉及以下几个环节：农产品种植、农产品集散、简单加工、物流运作、零售过程，一直到消费者手中。农产品的流通过程如图 3－1 所示。

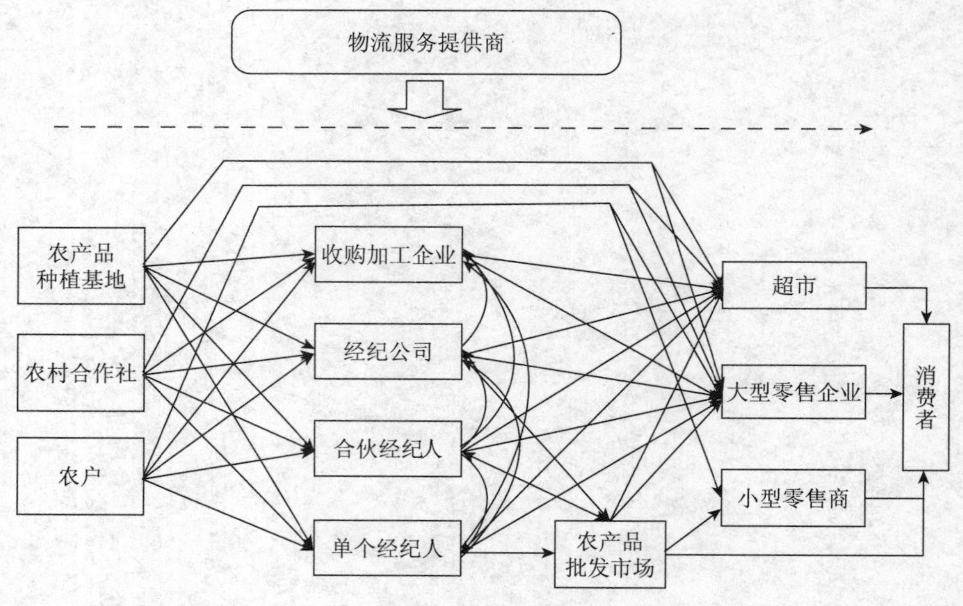

图 3－1 农产品流通过程示意

从图3-1所示的农产品流通方式可以发现，农产品从最初的种植农户开始，要经过一系列过程才能最终到达消费者手中，而且农产品流通的参与主体很多，流通途径也各不相同，因此消费者要想实现对农产品流通过程的信息跟踪追溯，会存在很大的困难。但是，由于目前存在的食品质量安全越来越引起社会的广泛关注，食品安全不仅仅会影响到消费者的健康生活，同时会对农产品流通的供应链产生致命的打击，因此，从保证供应链稳定、健康、可持续发展的角度，也需要加强对农产品流通过程的信息跟踪追溯。

由于农产品流通过程的多样化、参与主体复杂化，以及交易小规模化的特点，使得对于全部的农产品流通模式进行信息追溯是不可行的，那么相对应的，如果农产品的流通过程是由某一核心企业主导的，各合作伙伴之间按照一定的约定进行合作，且形成长期有效的合作关系，那么从维护整条供应链稳定、健康发展的角度，对农产品的流通过程进行信息跟踪追溯则变得可行。

3.1.2 农产品流通的经济学分析

从经济学角度来看，农产品供应链上的每一个参与主体，都是以自身的利润最大化为前提的。

假设，每一个参与主体在传统情况下参与农产品流通时的成本为 C_0，收益为 R_0，利润为 P_0，则会有：

$$P_0 = R_0 - C_0$$

如果参与主体加入到农产品信息追溯体系中来，这时产生的成本为 C_1，收益为 R_1，利润为 P_1，显然从投入的角度来看，成本会比之前什么都不做时有所增加，即：

$$C_1 \geqslant C_0$$

因此，作为理性的参与者而言，只有当收益 R_1 与原有收益 R_0 之间的差距足够大时，才会产生比原有的利润更大的利润。

即：当且仅当

$$R_1 - R_0 \geqslant C_1 - C_0$$

成立时，才会有利润的增加，即：

$$P_1 \geqslant P_0$$

而这，正是使得农产品流通各参与方愿意接受信息追溯的需求，并且提供相应信息的前提。

同时，随着市场竞争的不断加剧，当企业与企业之间的竞争真正变成为供应链与供应链之间的竞争时，从供应链的角度对农产品进行信息跟踪追溯，则是必须要进行的。

此时，就要实现整个农产品供应链的利润大于没有提供跟踪追溯信息时的利润，即：

$$\sum P_1 \geqslant \sum P_0$$

3.2 国内外农产品的流通模式

随着现代物流技术和信息化手段的不断发展，市场对新鲜农产品的需求不断增加，政府对专业合作社强有力的支持，使得“农超对接”这种新兴的农产品流通模式越来越普及。①

“农超对接”能有效减少农产品流通环节、降低农产品流通成本，从根本上解决农村鲜活农产品的交易难问题，从而促进农产品现代流通体制的建设，增加农民收入和促进城乡统筹协调发展。目前“农超对接”的主要模式是“超市+专业合作社+农户”模式，因此要将超市作为与合作社和农户对接的主要对象。

在国内的超市和合作社对接过程中，根据各个地区的不同情况，各种对接模式也逐渐产生，如家乐福的“直采”模式、麦德龙的“源头”模式、彤瑶的“产地供应商”模式等。

3.2.1 家乐福的“直采”模式

家乐福通过建立“直采”的模式，与农业发达地区的专业合作社达成协议，直接向农产品种植基地采购农产品，减少了中间环节，降低了成本费用，提高了农产品的收购价，保证了农民的利益。对于超市，也实现了采购过程的透明化、正规化，同时农产品的零售价也有所下降，又可以惠及消费者。

在这种“直采”模式中，超市首先要成立采购小组，然后在全国范围内挑选具有一定规模、优质的农产品合作社，并给他们提供相应的技术和资金方面的支持，最后由合作社来组织农民进行生产，为超市提供安全鲜活的农产品。这种从欧洲引进来的农民“直采”模式，一方面，使得超市方面的利润水平维持不变，而减少的中间流通成本又可直接增加农民收入，并最终惠

① 沈敏．“农超对接”的典型模式与发展的政策目标选择［J］．新闻世界，2011（6）：285－286.

及消费者。另一方面，中间环节的减少，使得直接采购的农产品市场售价较之传统模式的售价降低了15%～20%，在减少流通过程损耗的同时，降低了产品售价。

3.2.2 麦德龙的“源头”模式

农超对接的目的不仅仅是降低成本，更重要的是保障食品安全。面对层出不穷的食品安全问题，麦德龙创新推出了“源头”模式，即自己寻找和建立农产品生产基地，对农产品的生产、加工及市场运作进行监管，随时监测农产品的质量，超市收购基地生产的农产品，并最终通过超市这个终端环节在市场上进行销售。在这种被称之为“源头”模式的农超对接形式中，其主要特点是超市直接参与农产品的生产，并从农产品生产基地中采购产品。

2007年，安徽省合肥市政府与麦德龙超市合作建立了新型的农产品生产基地，旨在生产从生产源头就能保障食品安全的农产品。在和地方政府共建新型农产品基地后，麦德龙又建立了农业技术公司——麦咨达农技咨询公司，全方位培训、指导农民的生产、加工、包装、物流和市场运作，从源头上控制农产品质量，实现“农田到餐桌”的全过程产品质量控制及可追溯性。

3.2.3 彤瑶的“产地供应商”模式

当家乐福率先对农业合作社敞开合作的大门时，彤瑶合作社作为第一位受益者并没有独享这种收益，而是将其放大到更大的合作社那里，并首创了农产品“产地供应商”制度。

据统计，彤瑶合作社最初在家乐福中设立专柜，虽然面积只有8～15平方米，但是100多家大卖场一年四季的需求量是非常巨大的，这不是彤瑶一家合作社所能实现的。于是，为了满足市场需求，彤瑶合作社在入超两个月后，就联合了周边近百家合作社，将它们的产品积聚起来，再组织、再分配，统一对接超市，这样，在农产品数量上就有了保证。彤瑶“产地联盟”的方式帮助了更多的合作社进入超市大卖场，使得合作社能够充分利用超市给予的市场信息，指导农民调整种植结构和种植品种，合理安排种植日期，严格按照市场行情来确定种植方向，这就改变了长期以来农产品产销信息不对称的尴尬境况，既有利于生产，也有利于销售，更有利于农民增收。

“农超对接”的效果体现在：

第一，促进农产品物流的大规模发展和冷链行业的发展；

第二，强化农产品的全过程质量安全监管；

第三，促进农业产业优化，提高农民收入；

第四，降低采购成本，各方得益。

3.2.4 台湾的“农会”

在台湾，农会是最大的农民团体，从20世纪50年代开始发展，兼具经济、政治、教育及社会的实际操作功能，通常被称为多功能的团体。70年代中期，台湾制定了《农会法》，为适应农业发展的需要，其后经过多次修正完善。

(1) 农会的性质、宗旨、任务。台湾《农会法》规定，农会系社团法人，以“保障农民权益，提高农民知识技能，促进农业现代化，增加生产收益。改善农民生活，发展农村经济”为宗旨，其主管机关在行政院为农委会，在地方为各级政府。《农会法》规定农会承担的主要任务有21项，涵盖了农业生产和农民生活的各个方面，政府鼓励农民加入农会等各类农民团体，如加入农会可以享受政府的项目支持和灾害救济，年满65岁可以领取政府养老金等，不加入农民团体的个体农户则不能享受。

(2) 农会的组织机构。台湾农会分乡（镇、市、区）农会、县（市）农会、全台湾农会3个组织层次，属于社区性合作经济组织。各级农会均以行政区域为其组织区域，并冠以本区域名称。上级农会以其下级农会为会员并对其进行业务辅导。各级农会可视工作需要，报经主管机关核准设立办事处。乡（镇、市、区）以下按实际需要设农事小组，作为农会的基层单位；必要时，也可按会员从事产业的不同设立“班”，如水稻产销班、香蕉产销班。这种专业性质的“产销班”在台湾各地普遍存在，对各类农产品的生产销售起到了很大的作用。

农会设理事、监事，分别组成理事会、监事会，理事、监事均从会员代表中选举产生。理事会和监事会的负责人由理事、监事选举产生，称为理事长和常务监事，分别负责召集理事会议和监事会议。

(3) 农会经营运作。农会经费来源主要由农会自办企业收入、入会费、常年会费、向社会筹集的事业资金、农业推广经费募集收入、所属农业金融机关（即农会信用部）上缴、政府补助费、农会各种事业盈余等。入会费和常年会费的标准由各农会自定，其他各项费用的筹集办法另有具体规定。

农会可以利用其筹集到的经费开办经济事业、金融事业、保险事业及农技推广事业等各类实体，如台南县农会，在台湾就有农产品加工厂、旅行社等实体；在厦门，则开设了台湾水果市场销售点。但这些实体都独立核算，每年编造年度预决算，报告会员（代表）大会，并报主管机关备查。年度决算后，这些实体除了提取本经济实体公积金外，剩余部分均缴纳农会，视为农会总盈余统一进行分配。

3.2.5 日本的“农协”模式①

批发市场在鲜活农产品流通中发挥重要作用，日本的农协在其中充当集货者的角色。人多地少，以家庭为单位的小规模农业生产方式决定了日本农产品流通，以批发市场为主渠道，以拍卖制为特征的流通体制。在粮食流通方面，实行政府控制、统一管理；而蔬菜、水果及水产品等鲜活农产品实行自由流通，批发市场是鲜活农产品流通的重要渠道。目前，日本全国有农产品批发市场1600多家，其中中央批发市场80多家，基本覆盖了全国城乡，担负鲜活农产品流通的主要任务，作为农民合作组织的农协在农产品流通中充当集货者的角色。

作为农民合作社组织的农协，在农产品流通中发挥了主导作用。现代日本农产品的加工程度和商品化程度极高。农产品的综合商品率在90%以上，烟叶、甜菜和蚕茧等农产品的商品率则高达100%。在此条件下，农产品的加工、仓储和运销自然就成为整个农业再生产过程的重要一环。然而日本农业以小农经济为主，农民出售的农产品数量极少，难以与大城市直接交易，客观上要求有一个机构组织流通。于是，农民的合作组织——农协责无旁贷的担负起为农户代办农产品加工、仓储和运销业务，在农业流通领域发挥主导作用。

农协在农产品加工、仓储和运销方面的业务活动，主要是由其贩卖系统来承担。贩卖系统由三级组成，在都道府县和中央两级分别为“经济联”和“全农”，在市町村一级则由基层综合农协的贩卖部来承担。农户生产的绝大部分农产品的加工、仓储和运销工作都由农协贩卖系统代办。农户参加农协的比率几乎达到100%，在农产品加工、仓储和运销方面农户对农协的利用率平均为92.8%，其中大米几乎是100%，麦类、鲜牛奶、水果、蔬菜和蚕茧分别高达99.6%、96.7%、94.8%、93.6%和92.1%。

农协对农产品的贩卖，主要采取四种形式：①无条件委托贩卖，农户不附加任何条件，以市场成交情况而定，委托农协出售。②有条件委托贩卖，

---

① 师继锋．农协模式在日本农业产业化过程中的作用及对中国的启示［EB/OL］．三农在线，（2006－06－29）．http：//www.farmer.com.cn/news/spll/200606290171.htm.

要求农协按照农户规定的等级、价格、出售时间、手续费等出售。③特约委托贩卖，农协只为农户介绍收购对象，成交由买卖双方规定，但资金通过农协结算，农协提取手续费。④委托代办，大米、小麦、大豆由政府统一管理，农协代购，政府给农协手续费和保管费。由于各种农产品加工深度、保鲜要求，以及政府的流通价格干预政策不同，农协贩卖系统代农户经办加工、仓储和运销的具体程序和过程也有所差别。

我们以蔬菜为例进行简要说明。蔬菜是日本流通自由化程度较高的农产品，其加工、仓储和运销过程同样也主要靠农协代农户经办，其中起决定作用的是基层农协，上级农协组织主要负责有关市场行情方面的情报服务。具体流通过程一般是：

（1）头天傍晚菜农将新收获的蔬菜交给所在农协的共同贩卖组织，委托其代销。

（2）基层农协有关组织当夜对菜农交来的蔬菜进行分类、分级、加工、包装。

（3）农协统一出面与有关蔬菜批发市场的批发商建立“委托销售关系”，签订代销合同。每次出货都是根据事先签订好的合同，翌日凌晨运抵指定的批发市场，送交批发商代销。

（4）批发商把蔬菜批发给零售商，按批发价格得到货款，再从货款中扣除代销手续费，把所余现金票据转付给农协。

（5）最后，农协再扣除自己的加工、仓储、包装、运送等方面的费用，然后把余额直接转入菜农的账户。

看似烦琐，实际上一笔业务也就在2～3天内完成、结清，一般城市的蔬菜柜上，次日上午就可看到头天傍晚刚收获的新鲜蔬菜，蔬菜生产者在第三天即可在农协的账户上得到自己的货款。

由此看到，以农协为代表的农民合作组织在日本农产品流通中发挥着主导作用。农协通过集中收购、重加工和运销，改变了一家一户的小农户在市场中不利的交易地位，提高了农产品流通的效率，降低了交易成本，在农户与市场之间真正起到了桥梁和纽带的作用。

3.2.6 瑞典的“农家人”合作社

瑞典的农民合作社是农民在自愿基础上建立的经营性合作组织，其中规模最大的合作组织叫“瑞典农产品销售合作社”，瑞典人称之为“农家人”合作社。合作社的标志是一颗正在发芽的麦粒。在瑞典南北各地的农场之间，从巨型粮仓、肥料车间到负责粮食检验的实验室和宣传科学种粮的研究所，到处可以看到这个标志。

瑞典全国有5万多农民加入了“农家人”合作社，合作社的目标是为农民提供市场信息、技术和质量监测等多方面的服务，建立农产品收购和销售的网络。此外，加上“农家人”合作社自创品牌的产品销售，这个合作社年营业额高达31亿欧元，是欧洲最大的农民合作社。

“为消费者提供高质量的农产品”是“农家人”合作社努力的目标。尤其在瑞典这个环保意识深入到各个层次的社会，不仅农民提供的产品是否安全健康，就连其生产、运输过程是否环保，都成为消费者在选择产品时考虑的因素。“农家人”合作社自创的许多品牌已成为瑞典消费者信得过的产品，绿色的正在发芽的麦粒也成为质量保障的标志。

“农家人”合作社的历史可以追溯到19世纪后期，瑞典从农业社会向工业社会转型的时候。随着机械化的发展，小户经营的农庄面临经济上的难题，他们的农产品价格在市场上无法和大农庄竞争。为了保护地区小户农庄的经济利益，一个由农民组成、由农民经营管理的合作社诞生了。最初是一个地区的小户农庄单纯经济上的合作，随着合作社的发展，地区之间也联合起来。今天，“农家人”合作社不仅是全瑞典农民最大的经济利益合作社，它还成立了各省“农家人”合作社的联合体，以越来越主动的市场战略，保护和提高瑞典农民的经济和政治利益。

合作社能有效经营的基础是民主公平的管理方法。“农家人”合作社从成立那天起，就遵循着一人一票的民主程序，通过选举，用理事会的形式管理农民的事务。进入合作社的农民根据自己的经济状况，向合作社交纳会员费，这成为理事会成员工资和管理资金的来源。今天的“农家人”合作社已经拥有众多有限公司，用最有效的方法推销农民的产品和服务。这些企业年终的盈利和分红都会反馈到交纳了会费的农民手中。

3.2.7 泰国的“合同一体化”模式

泰国是一个农业国，农业人口占总人口的70%左右，农业生产总值占国内生产总值的将近1/4，农业中商品经济也不甚发达。稻米是泰国主要的农产品，同时也是重要的农产品。

第二次世界大战以后，随着泰国农业经济的发展，许多农作物的商品率迅速提高，随之形成了许多新的流通渠道和流通形式。在农产品流通渠道方面，不仅国营部门可以参与，各类民营企业和经纪人也都可以经营农产品。

泰国的农产品流通组织也是多形式的，既有农民自愿组织起来的合作社，又有通过契约把农民与国营或私营企业连接起来的贸工农一体化组织。目前，以合同为纽带，以加工企业为中心环节的农产品贸工农一体化组织，在泰国农产品流通中的作用越来越广。这种形式在泰国被称为农工商合同流通。所谓农工商合同流通就是以加工企业为核心，以生产和销售为延伸，以合同为纽带，组成一个大中小结合、产供销结合的流通渠道。农工商合同流通往往以出口为主要业务，由加工厂与外商签订出口合同，规定出口的品种、规格、数量、价格和时间等，然后再由加工厂与国内分散的农户签订合同，具体进行生产、收购等工作。加工厂与农户的合同大致有三种形式：一是赊欠记账合同，即加工厂向农民提供种子和其他生产资料，在产品生产出来后，以市场价格卖给加工厂，从中扣除全部债务。二是保证产品价格合同，即在赊欠记账合同的基础上，将以市场价出售改为事先协商作价出售。三是劳动合同，农民仅提供劳动力，生产的成本和销售都由加工厂负责，农民得到工资。

泰国正大集团是世界名列前茅的一个农业企业化集团，它以独具特色的饲料生产企业为龙头，组织家畜家禽和对虾饲养、肉品加工和最终产品销售，成为产、供、销一体化经营企业。正大集团在泰国境内每年可生产雏鸡 2 亿只（每周约 400 万只），90% 以上供应与之合作的专业农户。它所供应的雏鸡占泰国国内市场供应总量的 70% 。正大集团同专业农户签订生产合同，按照合同的规定，正大集团除了向签约的农户提供雏鸡外，还提供饲养规划和技术、鸡舍设备、饲料、防疫设备、财务担保和成鸡收购等。而农户则负责日常饲养管理。在这里，农户实际上只是正大集团肉制品加工厂生产加工原料的一个“车间”。

农工商合同流通代替过去以商业为主体的流通渠道，无疑是一种进步，它把集中经营与分散生产结合起来，可以给予技术指导和提供优良种子、合格化肥等帮助，提高劳动生产效率。同时，加工企业信息灵敏，可以根据市场情况，及时修订计划，避免产品过剩或产品短缺。加工企业与农户订立合同，跳过了商业环节，减少了不必要的费用，对生产和销售均为有利。

3.2.8 美国的“合同制”模式

美国的自然资源丰富，农业经济自 19 世纪以来一直在市场经济中生存和发展，较早告别了传统农业和自然经济。到 20 世纪 50 年代，美国已基本实现农业现代化。

随着农业科学技术的进步，以农业专业化为基础，把农业生产的产、供、销三方面的业务有机的结合起来的农业一体化组织形式便应运而生，蓬勃发展起来，这种现代组织体系成为美国农业的十分重要的农业组织体制。在美国农业一体化的组织形式主要有三种：合同制联合企业、合作社联合企业、一体化公司。

1. 不完全纵向一体化：合同制联合企业

美国普遍采用合同方式组织联合企业，实行不完全的一体化，实质上就是合同经营，一般由工商公司与农场主签订协作合同，将产供销联合为一个有机的整体。农业产供销一体化合同销售是一种现代销售制度，由一体化的产前和产后部门尤其是食品加工部门构成的市场部门，通过合同把家庭农场纳入纵向联合轨道，在一定程度上可以避免生产的盲目性，克服自由市场经济非计划性的缺陷，在家庭经营的基础上实现农业生产的社会化。

农业一体化的合同销售属于期货交易，不用现货交易，签订合同与交货不同时发生。在期货市场发达的美国，这种合同已经规范化，规定商品的数量、资金、交货时间、地方、交易方式和付款方式，其产品不经过批发市场和商品交易所而直接进入一体化加工厂。合同经营在美国农业一体化中占主导地位，美国农场基本上都参加这种农工综合体。尤其是在果品蔬菜产销领域，产销合同制更占突出重要地位。

2. 横向一体化：农业合作社

在美国主要有三种类型的合作社：销售合作社、购买供应合作社和服务合作社。销售合作社主要的经营活动是为社员销售农产品，它是农场主与市场联系的重要渠道，随着农业的商品化发展，市场问题越发突出，从而销售合作社随之不断壮大。供应合作社主要是为社员购买、供应农用生产资料。参加合作社的每个农场主与合作社订立合同，一般有效期为三年。合同规定各种条件和双方应承担的义务，例如农产品的品种、数量、质量、供货期限和地点。农场主还要从单纯利润中提取一定的比例给合作社作为营业开支。

3. 完全的纵向一体化：公司制农业联合企业

这种经营组织形式是把农业生产本身同农用生产资料的生产和供应，或农产品的加工与销售过程的若干个环节，纳入到一个统一的经营体内，融合为一个企业，形成纵向一体化综合经营。

3.3 农产品的协议流通

以上介绍的国内外各种农产品的流通模式中，都是由一个核心企业（或参与方）对农产品的流通过程起到主导作用，不管是“农协”“农会”，或者是“合同制”的方式，所有参与到农产品流通中的参与者都会遵循相应的规则，从而保障整个农产品流通的稳定和高效。这种按照一定的规定进行合作的方式，我们称之为“协议流通”。

结合当前的农产品流通实践，科技部“十一五”国家科技支撑计划重点项目课题“农村流通管理与服务共性关键技术研究和平台构建”中对农产品协议流通有一定的研究和定义，即：所谓“农产品协议流通”是指在农产品生产和销售中各利益相关方以各种协议的形式明确各自的分工、责任和权利，使得农产品的生产要素和流通要素依据各自在生产和销售中的优势重新组合，形成持续稳定的合作关系，从而提高流通效率而产生更大的效益。它作为一种把农产品的生产和销售紧密联系起来的流通模式，提升了农产品生产和流通的安全性和可追溯性，并且作为一种连接农产品的生产到消费间各个环节的供应链（或供应链片段）具有更好的稳定性、灵活性和盈利性，是农产品现代流通体系的重要组成部分，对于促进农业产业化发展，建设社会主义新农村具有重要意义。①

“农产品协议流通”中的协议与一般意义上的购销合同不同，它是指诸如企业联盟、特许经营等较为长期和稳定的紧密合作关系。这种方式也有助于消除购销渠道中各环节行动的不一致和利益的纷争。

其基本点在于：第一，农产品供应链组织模式的一体化运作系统是由各自独立的公司通过签订协议组成的，协议的签订并没有改变联合各方的产权的独立性。第二，供应链上各主体间建立“紧密合作，利益共享，风险共担”的关系，通过协议作为制度和法律保证来界定各利益主体间的利益分配关系，但目标不再是追求自身利益的最大化，而是追求整个供应链上的利润最大化。第三，各个企业是一个不可分割的整体，他们分担采购、生产、分销和销售等职能而成为一个协调发展的有机体。②

就供应链的结构而言，一般认为是由一个主导企业（可以是制造商、供应商或零售商企业）充当企业群体的“原子核”（即核心企业），把其他“卫星”企业吸引在核心企业周围所构成的一个网链，供应链上的节点企业都具有独立法人地位，因此各企业之间没有行政上的隶属关系。

---

① 姜刚，周树华．连锁集团主导型果蔬类农产品协议流通模式研究［J］．商业时代，2010（10）：22－23，111.

② 王勇，孙美玉，王艺璇，等．构建新型农产品协议流通模式［J］．农业经济，2010（1）：80－83.

在协议流通模式下，核心企业所发挥的主要作用有：

（1）通过协调供应链上的信息流，降低农产品流通环节的交易成本；

（2）通过对物料流的协调管理，降低农产品流通过程中的损耗；

（3）使农产品在从田头到餐桌的这一过程中始终处于一种透明和可控制的状态，产品质量得到有效保障；

（4）核心企业通过农产品的品牌化经营，可以树立起该产品在消费者中的质量信誉，进一步拓展消费市场；

（5）使农产品市场需求信息准确、及时地到达供应链中的相关节点，使农业生产更有计划性，从而减少农民的市场风险，提高农民收入；

（6）为发展“订单农业”提供了物质基础。

结合对国内外多种流通模式的分析，本书将协议的范围进一步扩大为各种类型的约定，这种约定可以是签订的合同、协议，也可以是一种口头约定，甚至可以是双方在长期合作中达成的一种合作默契。因此，可以给出农产品协议流通的更为宽泛的定义。即：“农产品协议流通”是指在农产品流通过程中，各参与方之间，通过各种类型的协议（协议、合同、契约、口头约定，甚至是长期的合作默契），明确各自的分工、责任和权利，从而保障农产品流通过程的合理、顺畅，在提高流通效率的同时产生更大的效益。

此定义与原有的协议流通的定义，主要区别在于：对于协议的认定范围更大、更广；而且侧重的是农产品流通，而不再强调生产要素、流通要素等内容，因此使得研究的内容更具体、更明确。

3.4　协议流通的模式分析

结合目前我国农产品流通的实践，科技部“十一五”国家科技支撑计划重点项目课题“农村流通管理与服务共性关键技术研究和平台构建”提出了以四种核心企业主导的新型农产品协议流通模式：核心企业供应链组织型、零售企业定点型、连锁集团主导产业链型、批发市场服务拓展型。本书也将以此作为依据来分析不同类型的农产品协议流通模式，以及在不同的流通模式下的信息跟踪追溯体系。

核心企业供应链组织型协议流通模式和批发市场服务拓展型流通模式属于“三站式流通”，零售企业定点型协议流通模式属于“两站式流通”、连锁集团主导产业链型协议流通模式则属于“一站式流通”。

下面分别对这四种不同的协议流通模式进行说明。

3.4.1 核心企业供应链组织型流通模式分析

根据供应链管理的思想，在核心企业供应链组织型的流通模式中，供应链的竞争力在很大程度上取决于核心企业——核心企业的协调能力，核心企业可以由具有实力的农业合作社、加工企业、物流配送企业或者重点流通企业担任。核心企业是协议流通的组织者，是生产组织、供求组织和产品质量安全的责任人。作为渠道组织的核心主体，核心企业要承担协调和整合的责任，实现协议流通的稳定发展，它一头连接农产品生产者，提供农资、田间作业等生产管理和生产咨询，并按与生产者的协议进行采购并组织产品再加工；一头连接大型超市，按照与零售商的协议向连锁门店及时配送。中间流通企业还负责收集市场信息，进行需求规模化组合，进行市场分析和产品质量的监控，从而进行新一轮生产与供应组织。核心企业是生产组织、供求组织和产品质量安全的责任人。

核心企业一般接近产地区域，因此对生产端的控制难度不大，难点在于对需求信息的掌控。通过协议流通平台可以实现实时查询需求方的历史交易记录、诚信评价记录，可以做到客观的对其进行评价，对集团的销售决策将有非常明显的提升和辅助作用。

3.4.2 连锁集团主导型流通模式分析

连锁集团主导型果蔬类农产品协议流通模式是指以市场消费者需求为中心，连锁集团通过基于信用基础上的协议条款投资建立果蔬类农产品直采基地，或通过与产地农户、农民专业合作社、农业龙头企业、农贸市场联合，建立起稳定的合作关系，并通过连锁集团自建的果蔬类农产品配送中心，向连锁门店提供优质安全果蔬类农产品的流通模式。

该模式的协议服务平台提供贯穿于整个流通供应链过程的技术支持。主要包括冷链构建、标准化管理及信息技术，将果蔬类农产品从生产到最终消费高效衔接起来，实现全封闭、稳定、畅通的一种新型流通模式。

3.4.3 批发市场服务拓展型流通模式分析

农产品批发市场的运作模式：

管理形式：从市场组织类型的角度看，理想的组织形式可能是半国营企业、私营公司、合作社或地方管理机构，或者为这些的联合形式。选择哪种形式由当地社会经济和政治因素决定。日本的中央批发市场是由政府开办的，欧洲一些最有效的市场是由批发商自己经营的。

组织形式：日本批发市场内部由三部分人组成：市场开设者、市场经营者和市场关联业者。市场开设者执行市场管理职能，不参加市场交易。市场经营者是指在市场上直接从事商品交易的人员和企业，分上市者和市场经营者。上市者包括生产者、运销团体、产地经纪人、进口业者。市场经营者包括在市场上直接参加交易的批发商、中间批发商、交易参加者和市场外购买者。市场服务业者不参加市场交易，只为市场交易和从事市场交易的人员提供服务。

交易形式：批发市场的交易形式主要有两种：一种是拍卖交易。亚洲的一些发展中国家和新兴工业化国家都在由协议交易向拍卖交易转变。另一种是协议交易，美国现在几乎都是用电话协议交易。生产者和批发商都能及时得到有关市场供求情况和价格水平的可靠信息，迅速做出反应。美国苹果的批发流通基本上是商物分离的，欧洲的批发市场约有80%实时性协议交易。①

在这种流通模式中，产地批发市场着重于提供生产指导信息、货源数量和质量信息、物流运输信息等；销地批发市场注重提供供求信息、价格信息、城市物流配送信息等。

通过建立全国统一的果蔬类农产品协议流通平台可实现全国主要批发市场供求信息在线查询、完善仓储和物流信息查询等功能。对于通过这一模式进行流通的农产品进行信息跟踪监控，可以以协议流通平台作为主导，向前对产地信息进行跟踪追溯，向后对销地信息进行跟踪追溯，并最终满足农户和消费者对于农产品信息的需求。

由于批发市场有一定的规模，合作伙伴较多且杂，因此，在对往前的农户及集货商等提供的农产品的可追溯性较差，而对于批量收购商、产地批发市场及公司合作社，可以做适当的要求，由他们完成对产品的信息收集、整理及共享。这些信息在以后的单店超市、大中型超市中也是必需的，而小型果蔬店或露天超市则不是必需的。且由于农产品本身的附加值并不是很高，此时进行信息跟踪追溯最好使用价格较低的条码。对于最终的消费者而言，可以直接到零售点进行查询，也可以通过网络登录农产品协议流通系统平台查询相关的产品信息。

3.4.4 零售企业定点型流通模式分析

由于单店规模较小，供应商、合作社对接意愿不强，单店超市与供应商、

① 赖阳．北京建设农产品批发团地的思考［J］．中国市场，2010（12）：16－17.

合作社的对接更加依赖于协议流通平台，在统一平台上进行交易。

但是由于单店超市规模小、经济实力有限，因此对于农产品的信息跟踪追溯需要依靠农产品协议流通系统平台完成，而对于个人消费者而言，农产品信息的追溯与查询则有一定难度。在这一模式下，主要采用的信息跟踪追溯技术多为价格较低的条码技术。

虽然目前这种模式广泛存在，但由于其单店势单力薄，竞争力较弱，不利于其长远发展，最终将会通过增加门店或兼并组合的方式，向连锁集团主导型转化。

因此，本书主要研究农产品协议流通的前三种模式：核心企业供应链组织型、连锁零售主导型、批发市场服务拓展型。

3.5 可追溯制度下企业与农户的博弈

近年来，农产品可追溯制度受到了广泛的关注，尤其是在农产品安全事件发生后，责任的追溯和质量保障更加受到人们重视。作为可追溯制度的源头参与者——企业和农户，其行为对整个可追溯过程有重要意义。

由于目前可追溯体系只能追溯到企业，所以为了保障农产品质量，企业通常会和农户签约。这里不考虑市场价格问题和第三方的影响，只是对可追溯制度下，农户和企业的行为进行分析。

假设：农户与企业合作将得到 R_1 的总收益，所花基的成本为 C_1，企业得到 R_2 的总收益。当农户选择“违约”时的概率为 p，则不违约的概率为 $1-p$，当不违约时，获得的最大收益即为 R_1；企业监督的概率为 q，不监督的概率为 $1-q$，监督的成本为 C_2；检验出问题的概率为 r，检不出问题的概率为 $1-r$；出现问题的概率为 f，不出现问题的概率为 $1-f$。

如果企业采取了监督措施，但仍然出现问题，此时，农户的收益为0，声誉损失为 L_1，惩罚为 F_1；企业受到的市场惩罚为 F_2，声誉损失为 L_2。而如果企业不采取监督措施，则出现问题时，企业受到的损失为 S。

企业与农户博弈过程如图 3-2 所示。

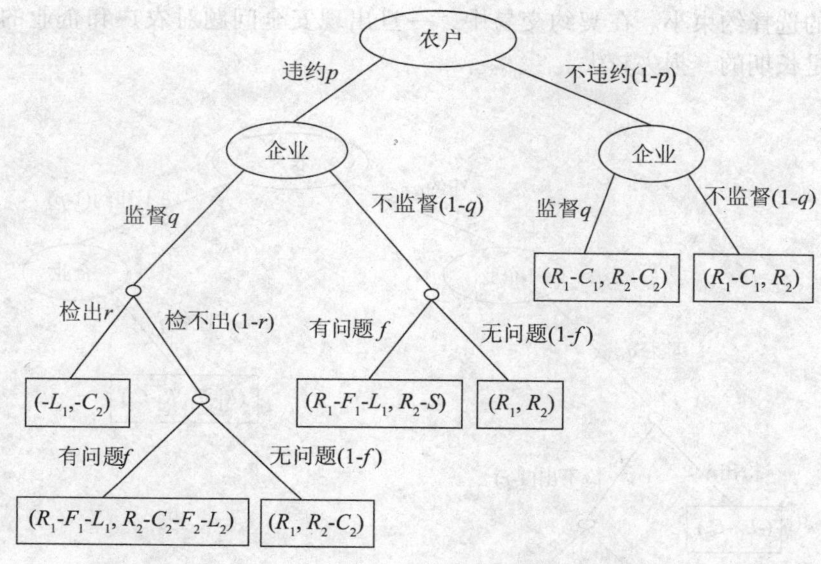

图3-2 企业与农户的博弈模型

当市场没有出现安全事件时，企业会选择“不监督”，此时的收益是 R_2，农户选择违约，收益为 R_1，此时达到纳什均衡。但是在企业不监督的情况下，如果出现安全事件，则其损失 S 将会很大，很可能出现 $R_2-S<0$，此时的负面影响 S 可能会使企业减产甚至停产，所以“不监督”对企业来说是严格劣策略。因此，企业选择“监督”的可能性会加大。

当 $R_2-C_2-F_2-L_2>R_2-S$ 时，即 $S>C_2+F_2+L_2$ 时，表示企业“不监督”发生的损失比“监督”时要大，此时企业会选择“监督”，以此降低巨大风险的发生。当企业选择“监督”时，企业和农户的博弈将变为如图3-3所示。

随着农户与企业签约后对于生产追溯制度的了解不断加深，如果检出问题，农户的收益将为0，且要承担声誉损失 L_1，即总收益为 $-L_1$，所以为了避免风险，农户会选择“不违约”。因此农户“不违约”与企业“监督”将成为双方合作的“风险上策均衡”，同时对社会的福利也最大。此时，得到新的纳什均衡，双方受益分别为农户 R_1-C_1，企业 R_2-C_2。

因此，从长期合作的角度来看，农户愿意按照合同不违约，而企业则会采取相应的监督措施，以期保证不发生食品安全问题。

从上面的博弈扩展形中可以得出以下结论。

（1）在市场交易下，由于可追溯只追溯到企业，可追溯制度的建立对于农户的选择约束小。在契约交易中，一旦出现安全问题对农户和企业的声誉影响是长期的，损失较大。

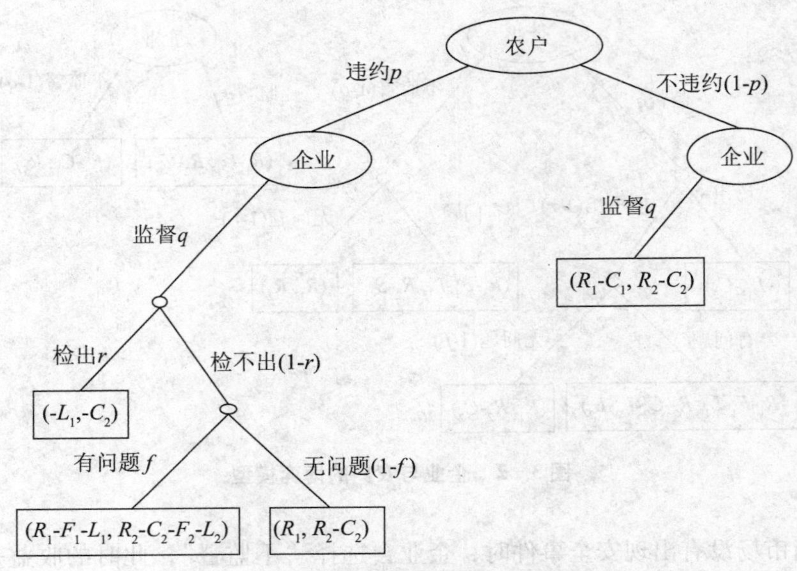

图 3－3　企业选择监督后双方的博弈模型

（2）在契约交易下，对于农户而言，一旦出现安全问题时的损失越大，农户越倾向于"不违约"。若企业加大监督力度，并加强对可追溯的履约，农户也会越倾向于"不违约"。

（3）对于企业而言在契约交易下，声誉影响和市场惩罚 S 对其影响大，企业为了避免安全事件的发生或者发生安全事件后更容易查找问题的根源，越倾向于加强监督。

因此，农户与企业的行为可以归纳为：

在一次博弈的情况下，由于合约缔结的不完整性和可追溯信息的有限性，企业和农户的交易往往会出现违约现象，所以单次市场交易下不利于可追溯制度的建立。

在契约交易下，企业和农户之间会进行多次、反复的交易，在多次博弈的情况下，有利于可追溯制度的实施，此时企业更倾向于监督农户行为，从长远利益看农户也会选择在合作中不违约。

而此处的"契约"正是本书研究的农产品流通模式中的"协议"的内容之一，由此可见，从长期的交易来看，无论从企业的角度，还是从农户的角度，都愿意遵循农产品可追溯体系的相关要求，从而维护自身的长期利益。

3.6 小结

纵观国内外农产品流通的模式有很多，且各有特色。但是这些不同的流通模式有一个共同点就是：参与农产品流通的各方，不管是通过约定俗成的形式，还是通过合同的形式，抑或是通过签订协议的方式，都要维持整个农产品供应链的稳定、持续发展，并且最大限度的满足各方的需要。因此，可以进一步完善农产品协议流通的定义，即在农产品流通过程中，各参与方之间，通过各种类型的协议（协议、合同、契约、口头约定，甚至是合作默契），明确各自的分工、责任和权利，从而保障农产品流通过程的合理、顺畅，在提高流通效率的同时产生更大的效益。此定义与原有的协议流通的定义，主要区别在于对于协议的认定范围更大、更广，而且侧重的是农产品流通，而不再强调生产要素、流通要素等内容。

同时，研究发现，按照博弈论的推断，从长期合作发展的角度，不论是农户，还是参与农产品流通的企业，都会主动或者被动的按照农产品可追溯制度的要求，提供对农产品进行追溯所需要的各种信息，并且按照协议约定的方式进行合作，从而保障整个农产品供应链的长期、稳定发展。

4 基于协议流通模式的信息追溯体系架构

根据供应链管理的思想，在核心企业供应链组织型的流通模式中，供应链的竞争力在很大程度上取决于核心企业——核心企业的协调能力，核心企业可以由具有实力的农业合作社、加工企业、物流配送企业或者重点流通企业担任。模式要求核心企业通过制定稳定的协议流通关系，有效地整合和协调供应链上的其他节点（包括农产品流通中的农户、农业合作社、农产品加工企业、农产品批发市场、农产品配送中心、农产品销售企业等）实现“三转变、两统一、一协议”。[①] 即希望通过制定协议流通联盟，将各节点之间的相互竞争转变为竞争合作，利益争夺转变为利益共享关系，内部的相互竞争转变为与其他供应链之间的竞争，从而实现战略目标与领导主体的统一。

而对于连锁集团主导型流通模式，供应链管理追求企业整体的效益最佳，实现企业生产流程间的无缝衔接。要实践以顾客为导向的市场拉动式营销理念，连锁集团要保持其竞争力，必须优化供应链管理，提高商品流转速度，从而降低成本费用。以大型有实力的流通企业或大型超市为核心企业的连锁集团主导型农产品流通模式，是由连锁集团主导农产品生产与流通的产业链，作为价值链的主要获益者，同时要担负起保障商品质量安全的责任。连锁集团从城市走向农村，通过自建或协议合作的形式掌握对生产基地或生产组织的控制权，管理农产品生产、加工、配送、零售的一体化产业链，负责农产品生产、中间流通和零售服务的质量保障，实现品牌化的全程经营。缺口部分的产品则由批发市场或定点采购来补充，形成“基地生产、协议对接、品牌包装、统一加工、统一定价和连锁销售”的基本模式，使农业生产稳定、农民收入稳定、产品质量稳定和市场货源稳定，从而推动农业产业化经营的发展，形成以现代化大流通带动现代化大生产的农业链。

此外，在批发市场服务拓展型流通模式下，农产品批发市场通过前向一体化将农产品的生产、集散、批发环节联结起来，将农户和合作社或基地的农产品集中起来，进行简单加工、分级、商品化包装，构成农产品供应环节；

---

① 王勇，孙美玉，王艺璇，等．构建新型农产品协议流通模式［J］．农业经济，2010（1）：80－83.

然后通过后向一体化将农产品的分销和零售环节联结起来，可以进一步使深加工的农产品进入加工企业，其他农产品经过批发市场的简单加工、包装直接进入超市或酒店等零售终端，构成农产品销售环节。

由于核心企业供应链组织型、连锁集团主导型、批发市场服务拓展型分别是三种不同类型的农产品供应链组织模式，且在每一种流通模式中，都会由核心企业来对整个农产品供应链进行组织、管理、协调、控制，且对于连锁集团主导型协议流通中，供应链的核心企业即为连锁集团，而批发市场服务拓展型协议流通中，作为核心企业的毋庸置疑是批发市场。因此，本章将首先对农产品供应链中的核心企业进行分析，分析各自在供应链中所扮演的角色，以及作为主导企业时所发挥的作用。

4.1 农产品供应链的核心企业分析

根据供应链管理的思想，供应链的竞争力在很大程度上取决于核心企业的协调能力，核心企业可以由具有实力的农业合作社、加工企业、物流配送企业或者重点流通企业担任。核心企业通过制定稳定的流通关系，有效地整合和协调供应链上的其他节点，包括农产品流通中的农户、农业合作社、农产品加工企业、农产品批发市场、农产品配送中心、农产品销售企业等。即希望通过制定流通联盟，将各节点之间的相互竞争转变为竞争合作，利益争夺转变为利益共享关系，内部的相互竞争转变为与其他供应链之间的竞争，从而实现战略目标与领导主体的统一。

由于核心企业可以由农产品供应链上的任意企业担任，核心企业是农产品供应链的组织者，是生产组织、供求组织和产品质量安全的责任人。作为供应链的主体，核心企业要承担协调和整合的责任，实现农产品流通的稳定发展，它向上连接农产品生产者，提供农资、田间作业等生产管理和生产咨询，并按与生产者的协议进行采购并组织产品再加工；向下连接大型超市，按照与零售商的协议向连锁门店及时配送。核心企业还负责收集市场信息，进行需求规模化组合，进行市场分析和产品质量的监控，从而进行新一轮的生产与供应组织。

核心企业供应链组织型流通模式如图 4－1 所示。在这种核心企业供应链组织型流通模式中，核心企业起到了核心作用，协调整个供应链上的各个合作伙伴共同发展。

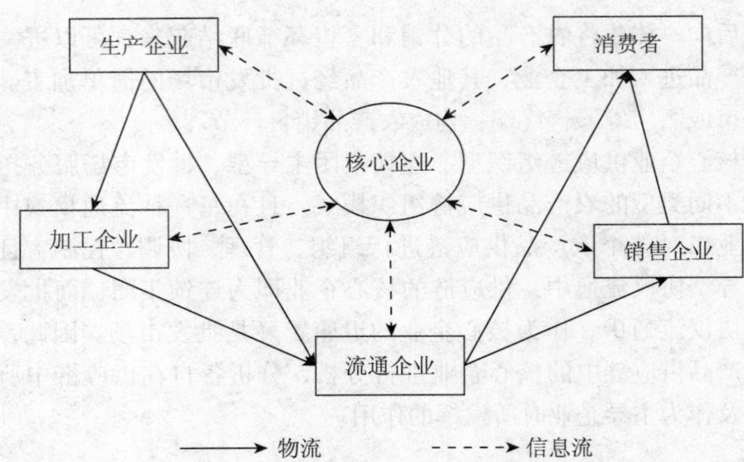

图4-1　核心企业供应链组织型流通模式

注：图4-1中的“核心企业”为虚拟企业，可以由生产企业、加工企业、流通企业，或者销售企业中的任意类型企业担任。

由于核心企业可以由农产品生产企业（如农民合作社）来担任，也可以由加工制造企业担任，或者由流通企业、销售企业担任，因此，我们先来分析不同的参与者担任核心企业时的情况，从而找出核心企业供应链组织型流通模式的最佳选择。

4.1.1　生产企业作为核心企业的情况

所谓由生产企业作为核心企业，是指由生产基地作为农产品供应链的核心企业，实现对农产品产、供、销的协调运作。生产基地可以是农民合作社，也可以是种植基地，他们在农产品供应链中的主要作用是提供最初的农产品，即起到的是农产品供应的作用。此时农产品的流通如图4-2所示。

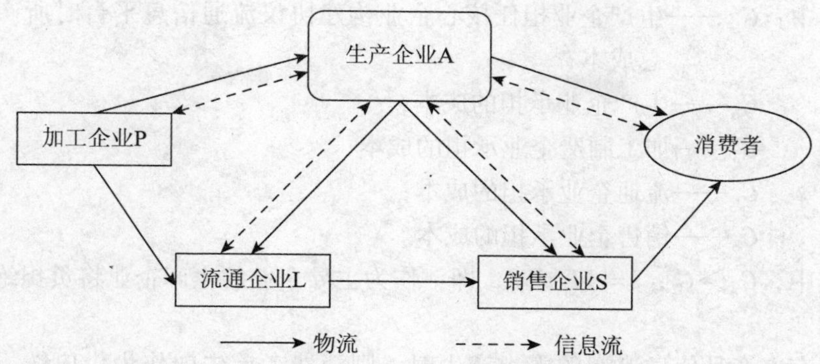

图4-2　生产企业作为核心企业的情况示意

1. 信息量分析

由生产企业作为农产品流通的核心企业时，它将对整个农产品流通的供应链进行宏观的调控和管理，从而维护整个供应链的稳定、高效，并且作为主导企业对农产品流通过程的信息进行整合、处理，从而满足消费者对于农产品各种相关信息的需求。

在此种情况下，农产品从生产基地直到消费者的过程中，所包含的信息为：

$$I_{生} = I_A + I_P + I_L + I_S \quad (4-1)$$

其中：$I_{生}$——生产企业担任核心企业时所提供给消费者的信息；

I_A——生产企业提供的信息量；

I_P——加工制造企业提供的信息量；

I_L——流通企业提供的信息量；

I_S——销售企业提供的信息量。

2. 建设成本分析

作为协议流通的主导企业，生产企业需要整合各合作伙伴的信息，从而保证整条供应链上农产品信息的一致性与完整性。此时生产企业将负责构建协议流通模式的公共开放信息平台，并搭建开放式数据库，供其他合作企业进行对接，因此它所负担的成本 C_A 较高；而作为农产品流通的合作伙伴，加工企业、流通企业、销售企业，则需要相应的开放本企业的信息系统，与核心企业进行系统对接，且满足与核心企业构建的数据库相匹配的数据存储格式，相应的也会产生一定的成本，分别为：C_P、C_L、C_S。

因此，构建此种协议流通模式的总成本为：

$$C_{生} = C_A + C_P + C_L + C_S \quad (4-2)$$

其中：$C_{生}$——生产企业担任核心企业构建协议流通信息平台时所产生的总成本；

C_A——生产企业承担的成本；

C_P——加工制造企业承担的成本；

C_L——流通企业承担的成本；

C_S——销售企业承担的成本。

其中，$C_A \geqslant C_i$，i = PL 或 S，即：作为主导企业的生产企业将负担绝大部分成本。

当有农产品信息追溯的需求产生时，则消费者首先向作为供应链主导的生产企业进行信息反馈，通常情况下，通过产品本身提供的信息（通过 RFID 或者条码携带）与公共追溯平台的数据库，即可追溯到相应的企业，从而明确各合作伙伴的责任，并且实现农产品的信息追溯，同时可将农产品出现的问题进行定位，在明确责任的同时，保障其他农产品的顺利流通。当出现特殊情况，直接通过农产品本身携带的信息及数据库难以获得时，则由生产企业为主负责对整个供应链进行调查，其他合作伙伴配合完成，此时将会产生较高的成本。

3. 管理难度分析

对于农产品生产种植基地而言，目前国内很少由大型的企业来承担生产企业的全部功能，而且农产品的种植也大都是由分散的农户种植，由农民合作社进行简单的管理协调，使多个农户形成整体来完成对某类或者某些农产品的供给。

对于农户来说，之所以会参与到农民合作社，是为了获得超过自己经营所带来的收益，但是由于农民本身的文化素质较低，以及逐利性的特点，使得他们与农民合作社的合作往往是短期的、不稳定的，如果市场价格超过合作价格，他们可能就会选择放弃合作。

对于农民合作社而言，他们主要是为农户与农产品采购商提供合作的平台，把种植同类产品的分散农户集中起来，从而形成一定的农产品供给规模，以此争取与大的采购商之间谈判的话语权，从而将农产品的价格以超过市场价的价格销售。农民合作社本身形式灵活，且多为农民自发组成，很少有注册成为公司实体的，因此，对农户的管理更多的是靠农户的自觉，而很少有相应的具体管理措施。

以山东青州为例，农民合作社由关系不错的农户自发组成，派代表与采购商进行议价，以规模优势获得较高的销售价格。有些规模较大的农民合作社所联系的蔬菜种植品种较多、面积较大，可以称之为蔬菜种植基地，种植基地通过提供相应的种植技术培训、科学的种养方法、生产资料的统一配备等，为农户的增收、增产提供帮助，以此将农户吸引到一起，从而达到相应的规模经济。他们从中所获得的利润，远远不能与承担作为生产企业所应担负的责任相匹配，同时，农民合作社也没有足够的实力来对信息平台进行构建与维护。

由此可见，结合当前农民合作社及种植基地运作的实际情况，以农产品种植基地为主构建协议流通信息平台，从管理上而言，有很大的难度，可行性很低。

4.1.2 加工企业作为核心企业的情况

由加工企业担任核心企业的情况，其中的加工企业，既包括在农产品流通过程中的简单加工企业，他们的作用主要是方便农产品的流通或者销售，对农产品进行简单的梳理，也包括对农产品进行深加工的企业，他们将改变农产品的性状，使其转变为新的产品，我们称之为“加工农产品”以示区别，如果脯、果汁等。此时的农产品流通如图 4－3 所示。

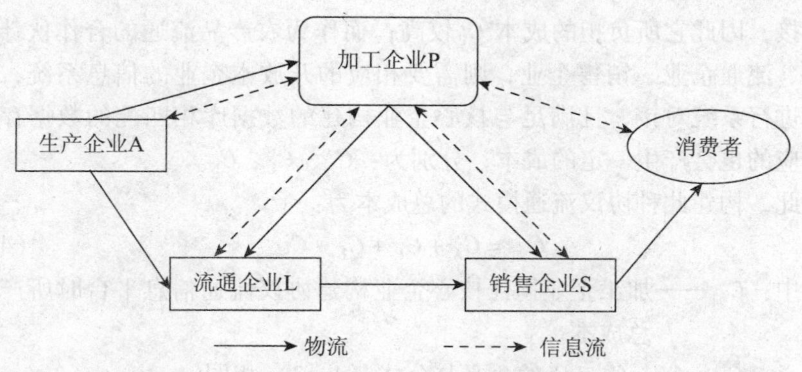

图 4－3 加工企业作为核心企业的情况示意

由加工企业担任农产品协议流通中的核心企业时，此时如果加工企业只是对农产品进行简单的粗加工，并不改变农产品的性状，则属于整条供应链的附属企业，产品的附加值低、获利较少，通常很难作为核心企业，由他们来构建协议流通的信息平台，缺乏力度。因此我们主要讨论由农产品深加工企业作为核心企业的情况。

1. 信息量分析

当加工企业对农产品进行深加工时，农产品的性状将会发生变化而成为加工农产品，此时加工农产品将以一种全新的方式重新进入供应链，附加值等将大幅增加，此时的加工企业作为核心企业，将会对整条供应链有强有力的控制、协调作用。

此时，农产品经过整条供应链到达消费者手中时，所包含的信息量为：

$$I_{加} = I_A + I_P + I_L + I_S \tag{4-3}$$

其中：$I_{加}$——加工企业作为核心企业时提供给消费者的信息量。

I_A、I_P、I_L、I_S含义同公式（4-1）。

由于在加工企业中会对农产品进行再加工，并且会需要且产生很多与生产加工过程有关的信息，因此，此时的I_P一方面包含向供应链提供的加工农产品的相关信息；另一方面，还应该包含有在加工企业内部流动的更多的企业内部信息。

2. 建设成本分析

作为协议流通的主导企业，加工企业需要整合各合作伙伴的信息，从而保证整条供应链上农产品信息的一致性与完整性。此时加工企业将产生构建协议流通模式的公共开放信息平台，并搭建开放式数据库，供其他合作企业进行对接，因此它所负担的成本C_P较高；而作为农产品流通的合作伙伴，生产企业、流通企业、销售企业，则需要相应的开放本企业的信息系统，与核心企业进行系统对接，且满足与核心企业构建的数据库相匹配的数据存储格式，相应的也会产生一定的成本，分别为：C_A、C_L、C_S。

因此，构建此种协议流通模式的总成本为：

$$C_{加} = C_A + C_P + C_L + C_S \tag{4-4}$$

其中：$C_{加}$——加工企业担任核心企业构建协议流通信息平台时所产生的总成本。

C_A、C_P、C_L、C_S的含义与公式（4-2）相同。

其中，$C_P \geqslant C_i$，$i = A$、L或S，即：作为主导企业的加工企业将承担绝大部分成本。

当有加工农产品信息追溯的需求产生时，则消费者首先向作为供应链主导的加工企业进行信息反馈。通常情况下，农产品在加工企业进行深加工之前，进行全面细致的检查、验收，因此，农产品的信息追溯大多到此为止，只有特殊情况时才会再继续向前追溯到农产品生产基地。通过产品本身提供的信息（通过 RFID 或者条码）与公共追溯平台的数据库，即可追溯到相应的企业，从而明确各合作伙伴的责任，并且实现加工农产品的信息追溯，同时可将加工农产品出现的问题进行定位。

3. 管理难度分析

如前在信息量分析里提到的，加工企业作为流通的核心企业时，所产生和提供的信息 I_P 不仅仅有向供应链提供的加工农产品的信息，还有为了实现农产品的加工而产生及需要的其他方面的信息，这些信息更多的为规范加工企业的内部管理产生效益。

因此，作为加工企业而言，如果在构建农产品协议流通信息平台的同时，能够规范化企业自身的管理流程，完善企业的信息化需求，则会带来不小的额外收益，这是企业非常愿意看到的。

从管理的角度而言，加工企业接受来自农产品供应链上游的产品种植信息 I_A，作为加工农产品的基本信息，从而保证加工农产品的原料质量。在对农产品进行加工时，会产生新的加工信息 I_P，这些信息中的大部分内容作为企业信息管理和质量管理的必要组成部分，而一部分内容提供给供应链，作为上下游合作的依据，但并不产生额外的成本，作为规范化企业管理的结果，管理难度相对较小。

对农产品进行加工之后，加工农产品将会成为农产品供应链的主要服务对象，其物流环节、销售状况等将会直接影响加工企业的效益，因此，加工企业将会非常关注整个农产品流通的方方面面，以此确保自身的经济利益，从这个角度而言，加工企业作为核心企业协调供应链的意愿非常强烈。

4.1.3 流通企业作为核企业的情况

在农产品从田间地头到消费者的过程中，流通企业是必不可少的，这里的流通既包括对农产品进行运输的环节，也包括对它们进行仓储的环节，流通企业的作用主要是保证农产品物流的顺畅，实现在有效范围内的场地转移。流通企业作为核心企业的情况如图 4－4 所示。

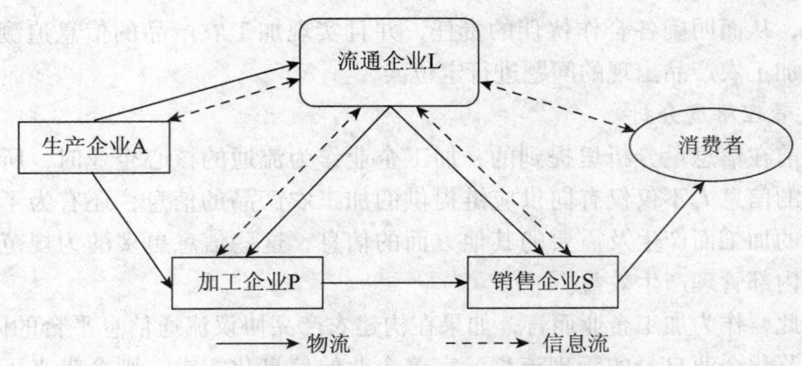

图4－4　流通企业作为核心企业的情况示意

1. 信息量分析

流通企业在农产品流通的过程中，主要是发挥对农产品的存储、运输等作用，并不对农产品的性状产生影响，同时，由于农产品容易腐坏的特性，使得对流通企业的要求是尽可能将农产品的流通时间减少，流通环节缩短。

由于流通企业往往会承接多方面的业务，故对农产品的流通是其中的一部分业务（但当流通企业规模较小时，农产品的流通业务也可能是其全部的业务内容），以它作为农产品供应链的主导企业，在构建协议流通公共信息平台时，可以在其原有的大平台的基础上，进行业务扩展，从而可以借用原有的信息服务平台的运作和管理模式，进而降低搭建信息平台的成本。而生产企业、加工企业、销售企业均通过开放的信息端口，与协议流通信息平台进行对接，实现整条供应链的农产品信息共享。

同样，整条供应链上的农产品信息包含的内容仍然是：

$$I_{流} = I_A + I_P + I_L + I_S \qquad (4-5)$$

其中：$I_{流}$——流通企业作为核心企业时提供给消费者的信息量；

I_A、I_P、I_L、I_S含义同公式（4－1）。

2. 建设成本分析

作为协议流通的主导企业，如果流通企业规模较大，而农产品只是其业务的一部分，则其搭建开放式数据库，供其他合作企业进行对接等，通过利用现有资源进行改造时，所负担的成本 C_L较低；而如果流通企业规模较小，需要建立全新的信息平台时，所担负的成本 C_L会较高。

作为农产品流通的合作伙伴，生产企业、加工企业、销售企业，则需要相应的开放本企业的信息系统，与核心企业进行系统对接，且满足与核心企业构建的数据库相匹配的数据存储格式，相应的也会产生一定的成本，分别为：C_A、C_P、C_S。

因此，构建此种协议流通模式的总成本为：

$$C_{流} = C_A + C_P + C_L + C_S \quad (4-6)$$

其中：$C_{流}$——流通企业担任核心企业构建协议流通信息平台时所产生的总成本；

C_A、C_P、C_L、C_S的含义与公式（4－2）相同。

其中，若流通企业规模较小，或目前尚无现成的信息平台可以使用时，也需要搭建新的信息平台，此时，$C_{流}$不变，但是会有：$C_L \geqslant C_i$，i = A、P或S，即：作为主导企业的流通企业将负担绝大部分成本；若流通企业规模较大，且已有信息平台的情况下，C_L将比较小，此时，整个$C_{流}$也会相应的变小。因为本书主要研究对象为信息系统的构建，因此，已有信息系统的情况不在考虑范围。

当有农产品信息追溯的需求产生时，则消费者首先向作为供应链末端的零售企业进行信息反馈，然后通过协议流通公共信息平台，通过产品本身提供的信息（通过RFID或者条码）与公共追溯平台的数据库，即可追溯到相应的企业，从而明确各合作伙伴的责任，并且实现农产品的信息追溯，同时可将农产品出现的问题进行定位。

3. 管理难度分析

按照目前的运作情况来看，有一定规模的流通企业更愿意将自身的订单系统与合作伙伴的信息系统对接，提供订单的追踪服务，仅仅向合作伙伴提供物流运作的状态，至于更多的细节信息，他们不愿意提供，甚至无法提供。

作为流通企业，他们的合作伙伴有很多，且企业性质及所需要服务的商品类型也都各不相同，并且，在目前我国流通环节并未建立良好的秩序时，合作伙伴的变更也非常频繁，合作伙伴的变更会带来服务对象的变化，因此，以流通企业作为核心企业来构建协议流通信息平台有一定的难度。

同时，物流领域目前处于较为无序的竞争环境，为了获得更多的订单，物流企业纷纷压低订单的服务价格，从而使企业获得的利润空间有限，构建协议流通信息平台所需的成本费用与较低的利润率相比，往往会令流通企业望而却步。至少在目前的农产品流通中，流通企业缺乏构建协议流通信息平台的意愿。

4.1.4 销售企业作为核心企业的情况

在农产品流通过程中，销售企业是与消费者直接接触的，完成农产品流通的最后一个环节——销售，它最能有效地获得消费者的需求信息。销售企业作为核心企业的情况如图 4 -5 所示。

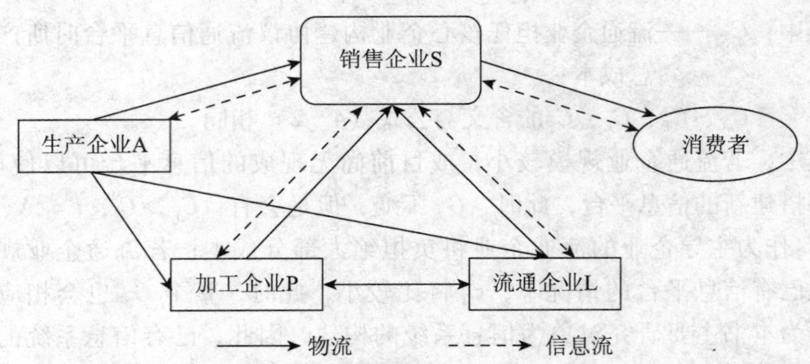

图 4 -5　销售企业作为核心企业的情况示意

1. 信息量分析

销售企业在整个农产品供应链上的作用主要是将农产品销售出去，并获得来自市场的需求信息。销售企业是与消费者距离最近的单元，它与消费者之间，不但有物的交流，也有信息的交流，他们直接接收来自消费者的各种需求信息，并最终把农产品销售给消费者，实现农产品流通的最后一个环节。

同样，整条供应链上的农产品信息包含的内容仍然是：

$$I_{销} = I_A + I_P + I_L + I_S \qquad (4-7)$$

其中：$I_{销}$——销售企业作为核心企业时提供给消费者的信息量；

I_A、I_P、I_L、I_S含义同公式（4 -1）。

2. 构建成本分析

如果销售企业本身已成规模，农产品只作为其销售对象中的一类或者一部分，而不是全部，并且该销售企业已有成型的信息平台，则以它为核心搭建协议流通信息平台相对简单，且成本较低，因为，此时搭建信息平台只是在原有的销售平台的基础上进行了功能的延伸和细化，可以借助原有的资源进行；如果销售企业本身不具备成型的信息平台，则以它为核心搭建协议流通信息平台时，与其他类型的企业一样，会承担较高的成本。

因此，作为协议流通的主导企业，如果销售企业规模较大，或已有类似的信息平台时，则其搭建开放式数据库，供其他合作企业进行对接等，通过利用现有资源进行改造时，所负担的成本 C_S较低；而如果销售企业规模较小，或者目前没有类似的信息平台可以使用，需要建立全新的信息平台时，所担

负的成本 C_S 也会较高。

作为农产品流通的合作伙伴，生产企业、加工企业、流通企业，则需要相应的开放本企业的信息系统，与核心企业进行系统对接，且满足与核心企业构建的数据库相匹配的数据存储格式，相应的也会产生一定的成本，分别为：C_A、C_P、C_L。

因此，构建此种协议流通模式的总成本为：

$$C_{销} = C_A + C_P + C_L + C_S \tag{4-8}$$

其中：$C_{销}$——销售企业担任核心企业构建协议流通信息平台时所产生的总成本；

C_A、C_P、C_L、C_S 的含义与公式（4－2）相同。

其中，若销售企业规模较小，或没有信息平台的情况下，则有：$C_S \geqslant C_i$，i = A、P或L，即：作为主导企业的销售企业将负担绝大部分成本；若销售企业规模较大，且已有信息平台的情况下，C_S 将比较小，此时，整个 $C_{销}$ 也会相应的变小。同样，由于本书内容主要针对信息平台的构建，因此，已有信息平台的情况不在考虑范围。

3. 管理难度分析

农产品流通过程中涉及的销售企业分为综合型销售企业和专门型销售企业。综合型销售企业是那些规模较大，销售产品类型繁多的销售企业，如超市等。他们的盈利模式主要是通过较低价格的批量采购，以及较高价格的零散销售来获得，农产品是销售企业众多商品中的一部分，或者是一小部分。专门型销售企业是指那些规模相对较小，销售产品类型较为集中，以农产品为主进行销售的企业，如水果超市等。

对于综合型销售企业，他们自身的信息系统较为完善，多为库存系统和销售系统，他们要管理众多的商品，随着电子商务的不断发展，也有不少销售企业开始建立网络销售渠道，但这些，更多的是销售平台，且销售对象种类繁多。如果要构建针对农产品的协议流通信息平台，农产品作为销售企业销售品种的一小部分，专门构建相应的平台，不符合企业管理的投入产出要求，因此作为以盈利为目的的销售企业，构建协议流通信息平台的愿望较低。

对于专门型销售企业，虽然农产品作为他们主要的甚至全部的销售对象，但是相对来说，企业的规模会受此限制，相对较小，并且考虑到在农产品流通中销售企业所获利润相对较小，如果以他们为核心企业构建农产品协议流通的信息平台，则销售企业很难承担起构建系统的成本，因此，构建协议流通信息平台的愿望更低。

综上所述，以销售企业为核心企业构建农产品协议流通信息平台的难度较大，且企业的意愿较低。

4.1.5 各种情况的对比及结论

通过对农产品协议流通链条上的各参与方作为核心企业时所提供的农产品信息量、构建协议流通信息平台所需要的成本，以及实现此系统构建的管理难易程度和企业的意愿等情况进行分析发现，不论哪种类型的企业担任核心企业，农产品所包含、传递的信息都是相同的；但是对于供应链的信息平台的维护主体不同，因此在供应链上发挥的作用不同，且承担的成本各不相同；同时，由于各种类型的企业的经营特点各不相同，且在农产品供应链上的参与程度及获利情况有很大差异，因此导致各参与方对于构建信息系统平台的难易程度及意愿也有很大差异。以上各种情况的简要对比如表4－1所示。

表4－1　不同企业担任核心企业的情况对比

主导企业	信息内容	成本	主要成本	总成本	管理难度	意愿
生产企业	$I_{生}=I_A+I_P+I_L+I_S$	$C_{生}=C_A+C_P+C_L+C_S$	C_A	C	高	低
加工企业	$I_{加}=I_A+I_P+I_L+I_S$	$C_{加}=C_A+C_P+C_L+C_S$	C_P	$\leqq C$	低	高
流通企业	$L_{流}=I_A+I_P+I_L+I_S$	$C_{流}=C_A+C_P+C_L+I_S$	C_L	$\leqq C$	高	低
销售企业	$I_{销}=I_A+I_P+I_L+I_S$	$C_{销}=C_A+C_P+C_L+C_S$	C_s	$\leqq C$	较高	低

注：生产企业主要是指农产品生产的农民专业合作社、农业生产大户、农业生产企业等。
加工企业主要是指农产品的深加工企业，如果汁、果脯、速冻蔬菜等。
流通企业主要是指负责农产品流通的物流公司，包括运输、仓储等。
销售企业主要是指农产品的零售企业，如超市。

由表4－1的比较可见，无论是供应链上的哪个企业担任协议流通的主导企业，在供应链上传递的信息量是相同的，如果是需要搭建新的系统平台，所需成本从供应链的角度是接近的，只是承担的主体不同，但是不同的参与主体对于协议流通信息平台搭建时的管理难度有较大差异，因此造成相应的支持意愿有较大差异。

结合以上分析，我们在构建协议流通信息平台时，主张以加工企业（农产品深加工企业）作为供应链的主导企业，因此，在协议流通信息平台的构建中，我们以此为研究对象进行信息流以及模式分析。

4.1.6 各参与方的合作意愿分析

连锁集团主导型协议流通模式中，参与的主体主要有：连锁集团、生产基地、物流部门、零售门店和消费者。由于在对整个农产品流通过程的协议控制及信息追溯的根本出发点是为了保证整个农产品供应链的通畅、高效，以及持续竞争力，因此，有必要对各参与主体是否有意愿按照协议规定的方式合作进行成本收益分析。

通常情况下，连锁集团通过协议的方式与农产品生产基地合作，并达成一致的协议，为了保证当季农产品的供应，以及为了保证农产品供应的质量，连锁集团提供的收购价格通常要超过当时的市场价格，且会批量采购，以至于在种植基地形成规模经济，这对于农户来说有较大的吸引力，此时连锁集团对农产品的生产便有了一定的话语权。

假设：各参与方既可以按照协议规定的方式进行合作，也可以不按照协议规定进行运作，即违约，现在分别就合作与违约的成本收益进行分析。

设定：按照协议规定的情况进行运作，所产生的成本为 C_1，获得的收益为 R_1，利润为 P_1，并且有：

$$P_1 = R_1 - C_1$$

供应链的各参与方的成本、收益、利润分别是：C_i、R_i、P_i，其中 i 为整数。

因此，该供应链上的总成本为：$C_1 = \sum C_i$

收益为：$R_1 = \sum R_i$

则有利润为：$P_1 = \sum P_i = \sum (R_i - C_i) = \sum R_i - \sum C_i$

因此，供应链总利润为：$P_1 = \sum R_i - \sum C_i$，其中 i 为整数，且 $i > 1$。

设定：当其中的参与方不按照协议规定进行运作时，所产生的成本为 C_2，获得的收益为 R_2，利润为 P_2，并且有：

$$P_2 = R_2 - C_2$$

对于任意参与方 i，会有违约收益：

$$P'_i = R'_i - C'_i$$

此时产生的成本 C'_i，其中既包含正常的交易成本，也包含因违反协议所受到的处罚成本，由于在连锁集团主导型协议流通模式中，连锁集团对整个供应链强有力的主导和控制作用，从而使得 $C'_i \geqslant C_i$ 成立。

通常情况下，在不按照协议约定进行运作时带来的收益为 R'_i，且 $R'_i > R_i$ 与 R_1，则会有 $P'_i \leqslant P_i$，此时，对于任意参与方来说，他们都不会违反协议约定。但也有特殊情况存在，当违约时所获收益 $R'_i \geqslant R_i$ 时，可能会出现 $P'_i > P_i$ 的情况，此时参与方很可能会违约，但此种情况发生的概率极低，因此可忽略。

因此可以得出结论：通常情况下各参与主体在连锁集团主导型流通模式下，都会按照协议规定的情况进行运作，从而保证整个农产品供应链的协调、稳定运行。

4.2 典型流通模式的信息流分析

在典型流通模式中，农产品的物流，是从生产企业向消费者单向流动的，并非传统的推动式，而是通过供应链管理信息平台，获得由消费者向销售商反映的市场信息，进行分析和预测，从而确定生产状况，因此是一种拉动式生产，理想状况下也可以是一种定制式生产。

4.2.1 核心企业供应链组织型协议流通模式的信息流分析

鉴于核心企业在农产品流通中的重要地位，结合当前供应链管理的现状，本书提出通过信息技术等手段拓展农产品供应链核心企业的功能，通过向上、下游延伸服务功能，以缩短流通环节，改变当前农产品流通链条上的信息断裂、物流支持不稳定的局面，实现农产品流通的高效供应链，构建核心企业供应链组织型的农产品协议流通新模式。结合本章第 1 节中关于核心企业的分析，我们将以加工企业作为核心企业的模式为主进行分析，因此，核心企业供应链组织型协议流通模式下的信息流分析如图 4-6 所示。

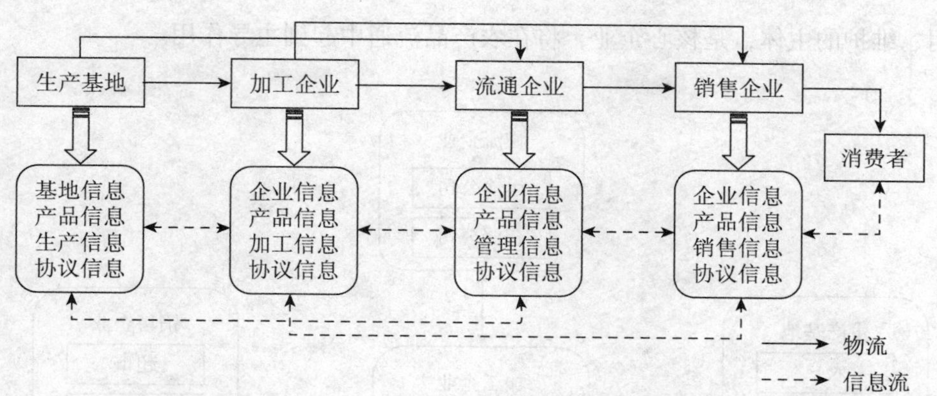

图 4－6　核心企业供应链组织型协议流通模式下的信息流分析

但是从图 4－6 来看，农产品的信息自始至终贯穿农产品流通的全过程，这些信息再分别由不同的环节来使用，且包含不同的内容，但部分信息严重重复，因此需要对其建立统一的标准和要求，便于信息的流动和共享。

供应链中的信息流，是双向流动的，而且所有的信息流在核心企业处进行分析处理，并且根据协议，要求所有节点的信息在一定程度和范围内是完全公开和共享的，每个节点企业都能够即时获得农产品在各个阶段的状态，而核心企业是所有信息的主要收集和发布者，并对信息进行分析处理，从而实现整个供应链能够保持较强的竞争力。

据此，可以整理出核心企业供应链组织型协议流通模式的信息流动模式，如图 4－7 所示。其中由核心企业为主体建立起公共管理服务平台，所有按协议合作的生产基地、加工企业、销售企业均将与农产品有关的信息存储在公共数据库中，满足整个供应链上的所有需求使用。

根据各自的工作职责，核心企业构建、使用、维护中心数据库，并且根据中心数据库中的内容，完成与生产基地、销售企业、流通企业的协议合作，并指导他们按照协议约定进行相应的生产、流通及销售。同时，根据协议执行情况，以及对市场信息的分析，制定新的供应链合作方式，以及选择新的合作伙伴。

生产基地、流通企业及销售企业则要不断将自身产生的各种相关信息及时上传到中心数据库中，并从中心数据库获得所需要的信息，因此图 4－7 中与它们相关的箭头是双向的。而消费者则仅仅可以通过商品的条码进行查询，从中心数据库处获得与商品相关的信息，因此图 4－7 中与消费者相关的箭头是单向的。在此模型中，加工企业作为核心企业是整个供应链信息交流、使用、维护的主体，是核心企业，将在农产品流通中起到主导作用。

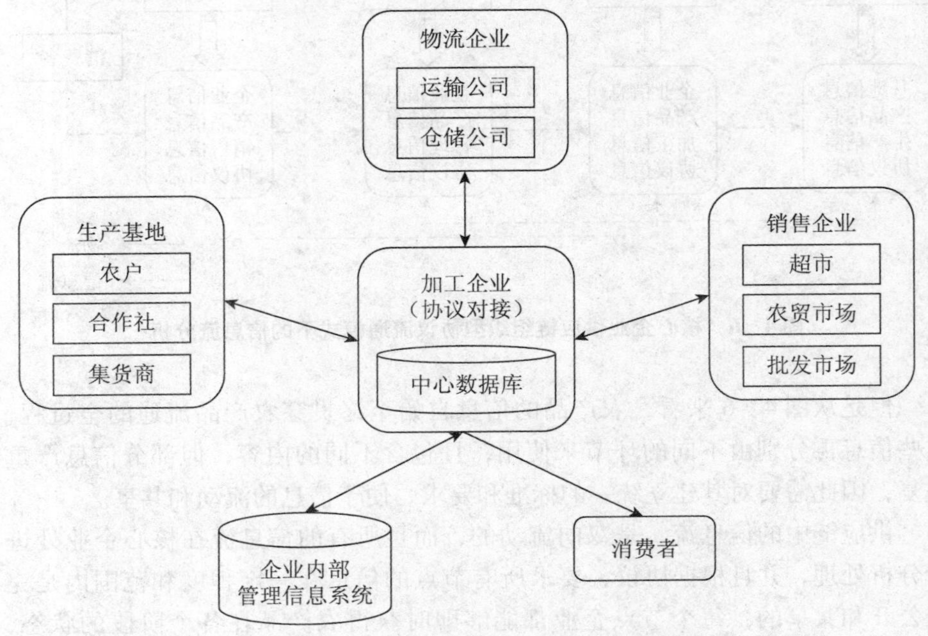

图 4－7　核心企业供应链组织型协议流通模式的信息流动模式

4.2.2　连锁集团主导型协议流通模式的信息流分析

连锁集团主导型农产品协议流通模式是指以市场消费者需求为中心，连锁集团通过基于信用基础上的协议条款投资建立农产品直采基地，或者通过与产地农户、农民专业合作社、农业龙头企业、农贸市场等联合，建立起稳定的合作关系，并通过连锁集团自建的农产品配送中心，向连锁门店提供优质安全的农产品的流通模式。在连锁集团主导型协议流通模式中，连锁集团直接涉及农产品的生产阶段、运输阶段、加工配送阶段及零售阶段，对农产品的质量安全可以进行全程控制。连锁集团主导型协议流通如图 4－8 所示。

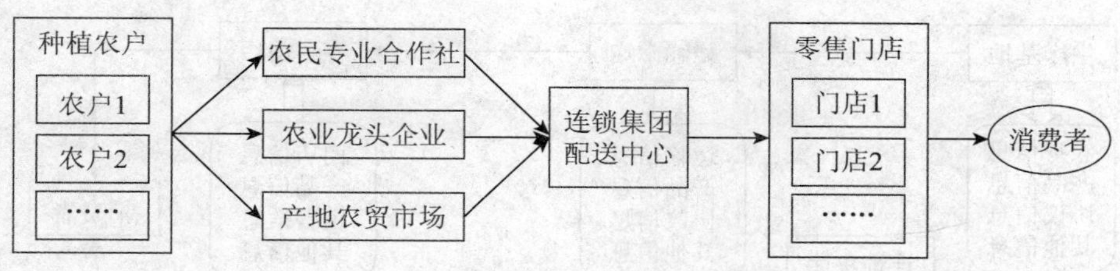

图 4-8　连锁集团主导型协议流通

在生产种植阶段以自建基地与协议合作基地为主，对农产品的种植、生产、新品种开发等进行规划与组织；运输阶段以集团自有的物流部门为主，结合少量业务外包给第三方物流公司，实现对农产品从产地到连锁集团配送中心的运输及标准化管理；加工配送阶段以集团自有的物流配送部门为主，实现农产品从连锁集团配送中心到零售门店的转移，并进行相应的信息化管理；在销售终端，通过连锁门店统一销售，同时对消费信息进行采集、分析、加工，并且反馈到生产基地，形成对农产品生产及新品种开发的指引，形成以市场需求为拉动的生产种植模式。当然，也会有少数品种的产品不能满足消费者的需求，则可根据实际需求直接从批发市场采购以补充供给。此外，连锁集团还可以通过协议管理与联营基地、物流配送公司及联营超市实现整个农产品供应链的无缝对接。

在连锁集团主导型流通模式中，由于在正常情况下，前端的生产环节、中间的运输环节及后期的零售环节，均由连锁集团控制，且在协议的约束下按照约定运行，因此在这一模式下，整个供应链中的主导企业是连锁集团。鉴于连锁集团在此种农产品流通模式中的重要地位，由它来发挥信息平台的搭建、维护效果更好。为了便于分析，我们舍去零售门店从批发市场直接进货的特殊情况，因此，可归纳出连锁集团主导型协议流通模式下的信息流分析，如图 4-9 所示。

在此种方式下，物流直接由生产基地经由运输配送后到达零售门店，消费者直接从零售门店购买商品。而信息则要经过连锁集团统一管理，在此种农产品供应链中，连锁集团通过协议的方式，与固定的生产基地（自营的或者合作的）合作，实现农产品的供应；与固定的运输商（集团内的物流部门或者合作的第三方物流公司）合作，实现农产品的运输与配送；与固定的零售门店（自营的或者加盟的）合作，完成农产品的分散销售。而此过程中出现的任何状况都会及时反馈到连锁集团。

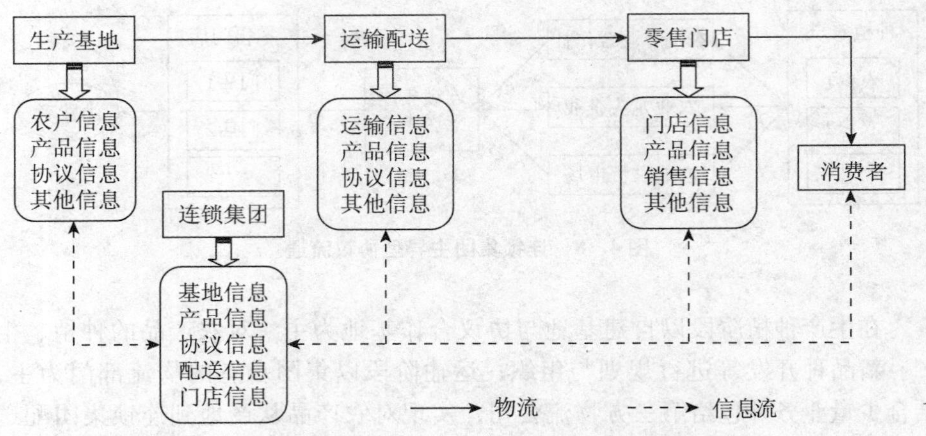

图 4－9　连锁集团主导型协议流通模式下的信息流分析

据此，可以整理出连锁集团主导型协议流通模式的信息流动模式，如图 4－10 所示。其中由连锁集团为主体建立起公共数据库，所有按协议合作的生产基地、承运商、连锁门店均将与农产品有关的信息存储在公共数据库中，供整个供应链上的所有需求使用。

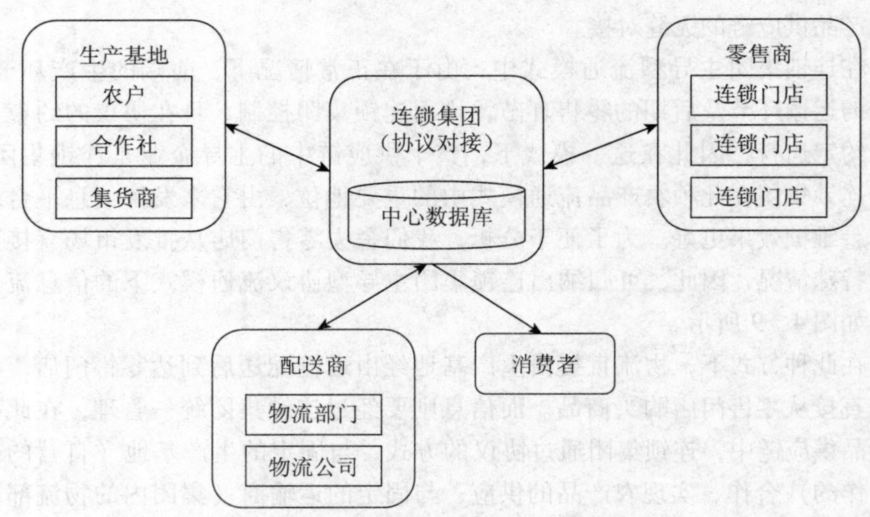

图 4－10　连锁集团主导型协议流通模式的信息流动模式

根据各自的工作职责，生产基地、配送商、零售商均有权使用、更改、维护中心数据库内的相应信息，从而保证数据的完整性和一致性，因此图

4－10中与它们相关的箭头是双向的，而消费者则仅仅可以通过商品的条码进行查询，从中心数据库处获得与商品相关的信息，因此图4－10中与消费者相关的箭头是单向的。在此模型中，连锁集团是整个供应链信息交流、使用、维护的主体，是核心企业，将在农产品流通中起到主导作用。

4.2.3　批发市场服务拓展型协议流通模式的信息流分析

从对批发市场的调查和采访中发现，大家普遍认为，农产品批发市场对食品安全监管有着不可推卸的企业责任和社会责任。但是，目前农产品批发市场在食品安全监管工作中仍存在一系列问题，诸如：对食品安全监管的力度有限、政府的指导作用没有得到有效地发挥，以及各农产品批发市场之间缺少沟通和配合等。

同时在实际的运作中，批发市场提供了农产品交易的平台，对于参与交易的各方，批发市场通过收取相应的租金（如摊位费等）来获得相应的利益，批发市场本身并不参与到农产品的交易中去。因此，在加强对农产品的信息追溯时，真正提供农产品信息的是交易方（商户），而不是批发市场。批发市场既没有实力，也没有动力去加强对农产品的质量管理和信息追溯。它的主要作用就是管好商户、提供好服务、提供相关法规教育，引导客户进行合法经营，保证产品质量安全。

通过对北京市八大市场的实地调研可以发现，目前我国农产品批发市场食品安全监管体系存在很大问题，其中市场对食品安全信息追溯的可信度非常低。这主要体现在索证索票制度在实际操作中很难发挥作用，各大批发市场对产地证明、产品合格证等相关证件没有统一的规范和明确的要求，一般只需要产地乡镇政府或协会组织盖章即可。然而，很多产地在没有相应的检测设备的情况下，为了满足批发市场的要求，也出于对当地经济发展和自身利益考虑，地方政府和协会组织会放松监管，而协助农户“盖章”。① 因此，农产品信息追溯到此阶段时，显示的产品质量都是合格的，源头都是没有问题的，而这将会为农产品质量安全的跟踪追溯带来严重的阻碍。

批发市场是当前我国农产品流通主渠道中的一个关键性环节，上连生产环节，下连其他流通主体，是物流和信息流集中与分配的节点，能最经济地实现农产品质量安全信息的收集和传播。基于经济学原理，以批发市场为核心构建贯穿农产品供应链始终的质量安全追溯系统，能最经济地获取最大的

① 任燕．流通领域食品安全保障体系研究［D］．北京：中国农业大学，2011.

追溯效力，在理论上是可行的。①

第一，从交易费用经济学和合约经济学的角度分析，批发市场是农产品物流和信息流的交会点，不论是从规模经济的角度，还是从稳定交易关系的角度，以批发市场为核心构建农产品质量安全追溯系统进行前向和后向追溯，在信息收集和沟通上可节约交易成本。

批发市场中存在着数量众多的农产品交易，以批发市场作为整体建立追溯系统有以下两方面的好处：一方面，基于追溯系统规模经济性的考虑，众多的交易可以共享涉及追溯体系建设的固定设施的投资，进一步减少交易成本；另一方面，批发市场作为介于市场和企业之间的混合治理模式，批发市场建设主体作为供货商和采购商交易的仲裁者，在农产品质量安全追溯系统的建设中，批发市场建设主体和供货商均会为此做出一些专用资产投资，可以实现双方的租赁合约双边垄断，稳定交易双方关系，减少供货商随机离场等机会主义行为的发生，使批发市场建设主体真正能在质量安全追溯系统中发挥市场推动者和仲裁者的功能，提高系统的运行效率。

第二，从管制经济学的角度分析，政府将主要的质量安全监管资源集中于批发市场，将会比监管其他主体来得更有效力，所花费的管制成本也最小。同时为了分清责任，批发市场建设主体最有积极性建设质量安全追溯系统，以此来减少或转移风险。而从重复博弈的角度，供应商也将参与到信息系统的构筑中来，提供相关的信息以支持追溯活动。

政府将批发市场建设主体作为主要监管对象，批发市场建设主体将最有积极性建设质量安全追溯系统，以此来减少或转移风险，维护声誉。随着监管压力的层层内化和传导，利益主体间基于分清责任归属的动机，批发市场建设主体和供货商之间通过利益上的重复博弈建立起相互监督机制。在现有的制度约束下，博弈的最优均衡点必将是市场中的供货商也参与到批发市场建设主体所构筑的追溯系统中来，并有动机提供真实的质量安全信息，从事与追溯有关的活动。随着政府监管压力的增加，农产品质量安全追溯系统的精度、深度、广度逐级提升，并将追溯的范围扩展到批发市场上游的生产环节和下游的流通环节，从而促进整个供应链上质量安全追溯系统的形成。由此可见，从节约政府管制费用和信息交易费用的角度出发，将质量安全追溯系统的产权配置给农产品批发市场是最具经济性的选择。

---

① 叶俊焘．以批发市场为核心的农产品质量安全追溯系统研究：理论与策略［J］．生态经济，2010（10）：110－115.

批发市场作为协议流通的核心企业，主要是拓展其目前只作为商品集散地的功能，并作为商品的组织者与零售企业建立直接的长期协议关系，对进场果蔬农产品进行质量检验把关，对果蔬农产品的供应和质量负责。同时，采用先进的电子信息技术辅助农产品交易，配备完善的物流体系和信息平台，向上游延伸和发展，构建加工物流一体化的物流配送中心，实现果蔬农产品的快速高效配送，减少流通环节，提高果蔬农产品的新鲜度与质量。此外利用农产品配送物流体系，发展电子商务，变“推式”为“拉式”，按与需求方的协议要求进行产品再加工、品种组合和配送，并且加大组织力度，实现真正的市场驱动或订单驱动，提升批发市场对果蔬农产品质量和批发商的管理能力。①

鉴于批发市场在农产品流通中的重要地位，结合当前批发市场的现状，本书提出通过信息技术等手段拓展农产品批发市场的功能，通过向上、下游延伸服务功能，以缩短流通环节，改变当前农产品流通链条上的信息断裂、物流支持不稳定的局面，实现批发市场与农产品生产与零售领域的直接有效对接，构建批发市场服务拓展型的果蔬类农产品协议流通新模式。

为了便于研究分析，我们将农产品通过批发市场进行流通的信息流分析简化成如图4－11所示的形式，在这种方式下，为了保证农产品的质量安全，就要求农产品的信息从生产基地开始直到最终消费者都有详细的记录，当有问题产生时，可以通过农产品携带的信息实现追溯。

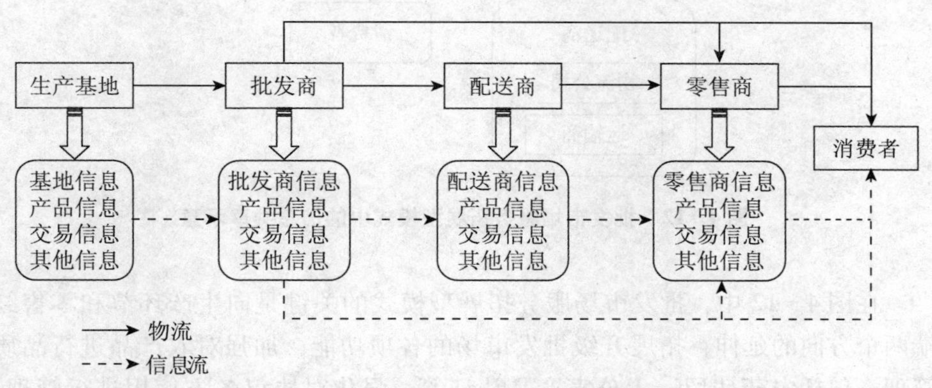

图4－11　批发市场方式下的信息流分析

① 张荣华，刘洋．批发市场服务拓展型果蔬类农产品协议流通模式研究［J］．全国商情：理论研究，2010（1）：82－83.

但是从图 4－11 来看，农产品的信息自始至终贯穿农产品流通的全过程，这些信息分别由不同的环节来完成，且包含不同的内容，同时也会有部分信息严重重复，因此需要对其建立统一的标准和要求，便于信息的流动和共享。

农产品流通的链条组成了农产品供应链，在这种流通模式下，农产品供应链的核心企业应由批发市场来担任，即由批发市场来组织、控制、管理整个供应链的运作。因此有必要探索搭建一种新型平台，整合各类资源，提高运作效率，降低致力于建设现代农产品流通渠道的企业物流投入成本。在协议流通的前提下，可以根据各参与企业在农产品供应链中的相互关系，构建以批发市场为核心企业的供应链关系模型（即批发市场服务拓变型流通模式）的信息共享，如图 4－12 所示，以方便对批发市场服务拓展型协议流通模式的信息流动分析。

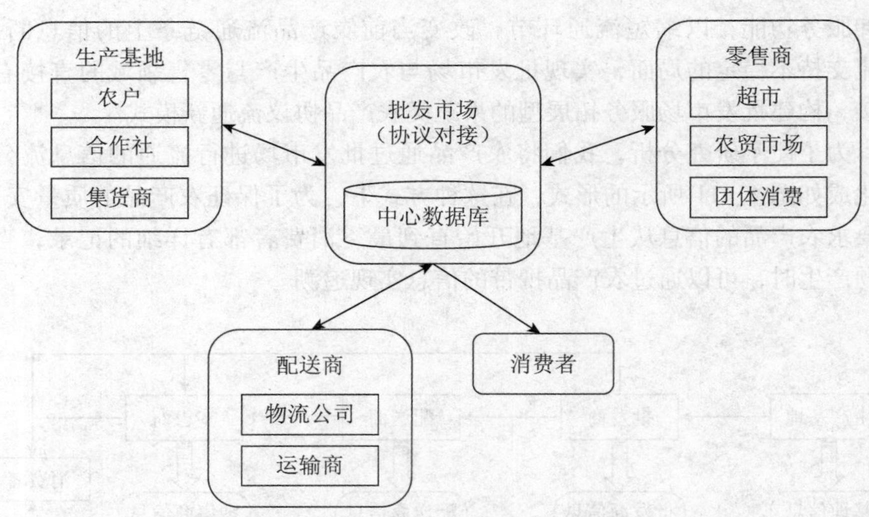

图 4－12　批发市场服务拓展型模式中的信息共享示意

在图 4－12 中，批发市场服务拓展型模式的关键是向生产环节和零售终端两个方向的延伸，拓展升级批发市场的各项功能，加强对农产品进行品质管理，包括农药残留、无公害产品认证等；强化对协议各方信用进行管理，包括对产地经纪人、农村合作社等的责任管理；同时加强对整个农产品供应链信息的管理，包括信息的收集、公示，形成透明的价格，以期实现农产品协议流通的无缝对接。

在批发市场服务拓展型协议流通模式中，由批发市场为主体建立起农产品的公共数据库，所有按协议合作的生产基地、批发商、零售商均将与农产品有关的信息存储到公共数据库中，供整个供应链上的所有需求使用。

根据各自的工作职责，生产基地、配送商、零售商均有权使用、更改、维护中心数据库内的相应信息，从而保证数据的完整性和一致性，因此图中的箭头是双向的，而消费者则仅仅可以通过商品的条码或标签进行查询，从中心数据库处获得与商品相关的信息，因此图中指向消费者的箭头是单向的。在此模型中，批发市场是整个供应链信息交流、使用、维护的主体，是核心企业，将在农产品流通中起到主导作用。

4.3 信息追溯方式——分阶段追溯

4.3.1 信息追溯现状

从20世纪90年代开始，许多国家和地区已经开始应用可追溯系统进行农产品质量安全管理。例如，欧盟把农产品可追溯系统纳入到法律框架下，并于2002年1月颁布了178/2002号法令，规定每一个农产品企业必须对其生产、加工和销售过程中所使用的原料、辅料及相关材料提供保证措施和数据，确保其安全性和可追溯性。2003年5月美国食品药物管理局（FDA）公布了《食品安全跟踪条例》，要求所有涉及食品运输、配送和进口的企业要建立并保全相关食品流通的全过程记录。美国的行业协会和企业建立了自愿性可追溯系统。日本从2001年起在肉牛生产供应体系中全面引入信息可追踪系统，要求牛肉业实施强制性的零售点到农场的可追溯系统。

而在中国，随着消费者对于食品安全的关注程度越来越高，对食品尤其是农产品的跟踪追溯在一段时期内可谓是风生水起，得到越来越多的关注和投入。例如，2008年12月，成都市政府面对年产1000万头生猪的区域市场现状，提出应该率先在生猪质量安全环节加强监管，建立区域化的生猪质量安全可追溯体系。2009年4月29日，成都市双流县境内7个政府定点屠宰场、5个农贸市场、红旗超市、白家滑轨批发交易市场进行试点实施，即在生猪宰杀后绑RFID束带标签，写入检疫、检验等相关信息，并向上与猪耳标关联，获取养殖信息，向下写入批发、零售信息，实现全程信息可溯源。

商务部日前印发《关于“十二五”期间加快肉类蔬菜流通追溯体系建设的指导意见》，提出在“十二五”期间，我国将加快肉类蔬菜流通追溯体系的建设，争取到“十二五”末建立起完善的肉类蔬菜流通追溯体系。目前，已经在重庆、青岛、昆明等全国20个城市开展了肉类和蔬菜流通追溯体系的建设，这既是一项产品质量安全管理系统，更是一项民心工程。

近年来，在报端、网页上，经常会看到诸如“肉菜可一追到底 银川10月底建成肉菜流通追溯体系”[①]、“江苏要建立食品药品全过程追溯模式 先给白酒等办‘身份证’”[②]、“鞍山：蔬菜‘血统’全知道”[③]，等等。这些例子都要求实现农产品质量安全从田头到餐桌的全程可追溯，甚至在世博会期间，为了保证蔬菜的质量安全，要求给每份蔬菜都发放“身份证”[④]）。这些例子都说明不论是政府，还是企业，都已经对农产品流通过程的信息追溯工作开始普遍关注，并且做了很多投入，取得了显著的成果。

由此可见，为了满足消费者对于商品质量安全的要求，不论是政府还是商家都在不断探索信息追溯的模式，“一追到底”的信息追溯模式显然已经深入人心，并且得到了认可和关注。因为这样的信息追溯模式，可以对商品流通的全过程进行跟踪监控，当出现质量安全问题的时候，可以进行全过程的信息追溯，甚至可以实现“一根葱也可查是谁种的”[⑤]。

尽管目前很多专家学者提出要实现农产品“从餐桌到田间”的“一追到底”的信息追溯方式，但是，当有农产品质量安全事件发生时，是否真的有必要对全过程都要进行追溯呢？对此，我们先来了解进行农产品信息追溯的初衷和目的是什么。对农产品进行信息追溯的目的是，当产品出现问题时，及时查找出问题发生的环节，找出原因，明确各参与主体的权利、义务，及时纠正错误以避免类似的事件再次发生，从而维护整条供应链的竞争力和稳定性。

基于对于农产品信息追溯的需求，尽管目前很多专家学者提出要实现农产品“从餐桌到田间”的“一追到底”的信息追溯方式，但是，研究认为这样的追溯方式是既增加成本，又没有多大的意义。

---

① 张晓博．银川10月底建成肉菜流通追溯体系［N/OL］．银川：银川晚报，（2012－05－23）．http：//szb. yce. com. cn/html/2012－05/23/con tent — 1546. htm

② 江苏将建食品药品安全数据库 先给白酒等办“身份证”［EB/OL］．(2014－02－23）．http：//www. news365. com/cn/yw/201402/t20140223－17958 46. html.

③ 沈璐佳．鞍山：蔬菜“血统”全知道［N］．农民日报，2013－10－08（7）．

④ 浙江今年将建立农产品质量可追溯制度［EB/OL］．中国宁波网，（2011－01－25）．http：//enws. nnb. com. cn/system/2011/01/25006824272. shtml.

⑤ 重庆将建肉菜流通追溯系统，一根葱也可查是谁种的［EB/OL］．和讯网，（2010－10－27）http：//news. hexun. com/2010－10－27/125288321. html.

4.3.2　"一追到底"的追溯模式

对农产品进行信息追溯的目的是，当产品出现问题时，及时查找出问题发生的环节，找出原因，明确各参与主体的权利、义务，及时纠正错误以避免类似的事件再次发生，从而维护整条供应链的竞争力和稳定性。

首先，我们对于目前被大众普遍认可的信息追溯模式"一追到底"的模式进行分析。

目前在农产品流通过程中被广泛提倡的"一追到底"的信息追溯方式，要求当有问题产生时，就要对整个农产品流通的全过程进行信息追溯，从全方位的角度来查找问题发生的环节，实现的是对各个环节的同时追溯。"一追到底"的信息追溯方式如图 4－13 所示。

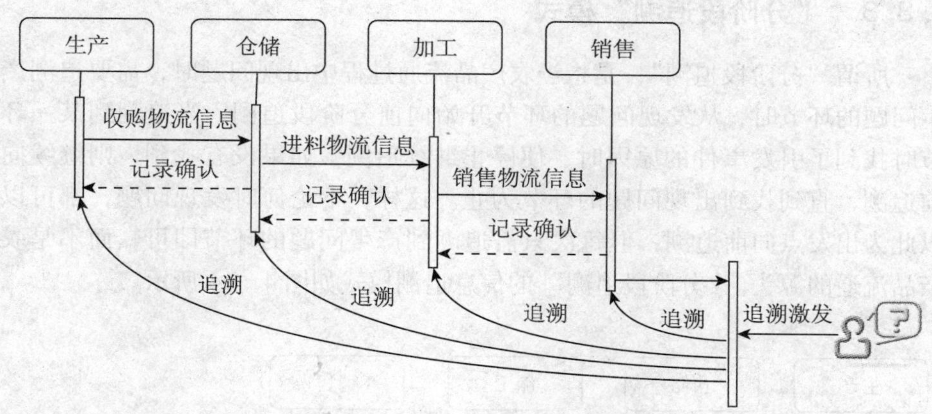

图 4－13　"一追到底"的信息追溯模式

在图 4－13 所示的"一追到底"的信息追溯模式下，农产品流通的每个环节，都要求记录本环节的相关信息，并对从上一环节接收到的信息进行确认，从而使流通信息更加完整。当发生商品质量安全事件的时候，也就是图 4－13 中的"追溯激发"，就要求对农产品发生质量安全问题的环节进行确认，并且以此明确各方的责任。在这种追溯模式下，不论农产品在流通过程中的哪个环节出现问题，都要求对整个农产品供应链进行信息追溯，也就是，从消费者购买环节往前，包括销售环节、加工环节、仓储环节，以及最初的生产环节在内的信息，都要求被追溯到，从而确定问题发生的环节和原因。

在这种"一追到底"的信息追溯模式下，虽然可以满足农产品信息追溯的要求，可以实现查找问题发生环节的愿望，但是，在这种信息追溯模式下，弊端也是很明显的：第一，能够实现全程信息追溯的前提条件是，农产品流通的每个环节，都能够进行信息的收集整理，并且与供应链上各合作伙伴进行信息共享，这就要求在每一个环节都会保留在此环节之前的所有与农产品流通相关的信息，无疑会产生很严重的数据冗余。第二，在此种追溯模式下，每次出现问题时，都会对农产品流通的全过程进行信息追溯，哪怕是问题就仅仅是在最后的销售环节产生的，也要对前面的所有环节进行追溯，即实现所谓的“从餐桌到农田”的追溯，很显然这样会产生较高的追溯成本。

考虑到农产品流通过程中，从种植基地到仓储环节，经过加工之后，到达市场（或超市）销售，最后到达消费者，每一个环节有相对比较明确的界限，并且在流通的过程中会有相应的信息记录，如果每一个阶段能够很好的把关，则当出现问题时，完全可以通过“分阶段追溯”的方式进行。

4.3.3 “分阶段追溯”模式

所谓“分阶段追溯”，是指当农产品流通过程中出现问题时，需要追溯产生问题的环节时，从发现问题的环节开始向前分阶段追溯，当追溯到某一环节时找到了引发事件的原因时，便停止继续追溯，如果没有找到，则继续向前追溯，直到找到出现问题的环节为止。这样，不论何时发现问题，都可以以此为出发点向前追溯，但每次只需追溯到产生问题的环节即可，而不是农产品流通的源头。“分阶段追溯”的信息追溯模式如图 4－14 所示。

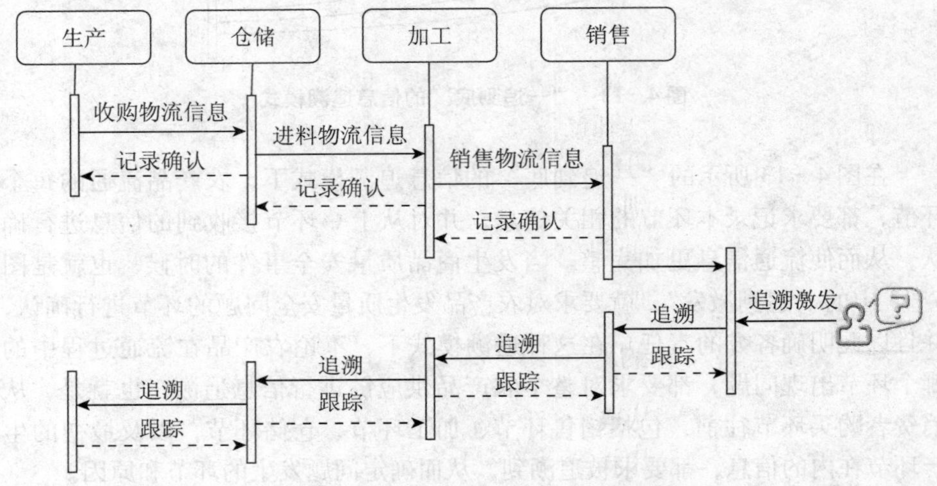

图 4－14 “分阶段追溯”的信息追溯模式

在图 4－14 所示的“分阶段追溯”的信息追溯模式下，与“一追到底”的信息追溯模式一样，都要求对于农产品流通的每个阶段分别进行信息的采集和整理，并与下一个环节进行信息共享，以保证在需要的时候，能够及时进行信息追溯。而且，在此种信息追溯模式下，每个环节只需要记录本环节的信息，以及从上一个环节接收过来的商品状态信息，并且进行信息确认即可，这样一方面可以保证接收到的商品质量在可控的范围内，同时又大大避免了整个供应链上各个环节之间严重的信息重复。同时，当发生“追溯激发”时，一个环节一个环节的往前查找原因，而不是一次性地对所有环节均要进行信息追溯。例如，如果问题就出在销售环节，在找到问题发生的环节并分析原因之后，追溯到此结束，而销售之前的各个环节都不需要参与到追溯的工作中来。当然，在很少的情况下，可能也要对整个供应链进行追溯，才能真正找到问题发生的原因。

在这一模式下，“一追到底”信息追溯方式的两个弊端都可以有效避免。第一，由于每个阶段对于到达自己企业的商品会进行检验，并进行信息的采集和整理，同时只需要与下一环节在商品交付时的状态信息进行共享即可，本环节发生的各种信息，均掌握在本环节之内，这样可以大大降低企业进行信息共享时的抵触心理，同时数据的分散管理，可以大大降低供应链上的信息存储冗余问题。第二，当商品出现质量安全问题时，一般情况下只需要对前一个或几个环节进行信息追溯即可，如果能找到问题出现的环节和原因，则不需要继续往前追踪，这样可以大大降低信息追溯的成本。显然，这种“分阶段追溯”的方式下，只有很少的情况需要追溯到供应链的最前端。

从以上的分析不难看出，“一追到底”的信息追溯模式和“分阶段追溯”的信息追溯模式都可以实现对于农产品从生产到消费的全过程信息跟踪追溯。所不同的是，“一追到底”的信息追溯模式要求，不论出现什么样的产品质量问题，都会一次性将全部的流通过程进行全部“清查”；而对于“分阶段追溯”的信息追溯模式下，则是更注重问题的查找，从后向前，一步步查找，找到发生问题的原因即停止追溯。显然，后一种方式成本更低、效率更高，而且可实现程度明显优于前一种方式。

4.3.4 两种追溯模式的对比研究

接下来，本书将分别从成本和管理两个角度，对“分阶段追溯”与“一追到底”的追溯方式进行比较，从而对两种信息追溯方式进行更深入的分析。

1. 从成本的角度

按照“从餐桌到田间”的信息追溯方式，当商品出现问题时，要对整条供应链进行全程追溯，假设：农产品从种植基地直到消费者手中，经历了 n 个阶段，$n>1$，并且定义：消费者到零售门店的追溯成本为 C_1，物流环节到生产基地的追溯成本为 C_n，则“一追到底”的追溯成本 C 将会是：

$$C=\sum_{i=1}^{n} C_i$$

在4.1.1论述的基础上，由于各参与方均按照协议规定的方式进行运作，即下一个环节在接收到商品时，都会对商品进行验收，则当出现问题时，如果我们对整个供应链的每个环节进行分阶段追溯，此时产生的成本 C'，则会有：

$$C'=\sum_{i=1}^{n} \alpha_i C_i$$

其中，又是取值为0或1的整数，当 $\alpha_i=0$ 时，对于任意 $j>i$，都会有 $\alpha_j=0$，则说明信息追溯时，如果发现问题出现在第 i 个环节，并通过分析发现，以及找到了产生问题的全部原因时，便不再追溯第 i 个环节以前的各个环节；而对于任意 $k<i$，会有 $\alpha_k=1$。

因此有：即仅仅当 $\alpha_n=1$ 时，说明信息追溯时要追到最源头的第1个阶段，而在其他任意情况下，都不需要追溯到最开始的阶段。

比较 C 与 C'，可以得出：$C \geqslant C'$

因此，在进行农产品信息追溯时，采用分阶段追溯的方式要比直接“一追到底”更加经济。

在特殊情况下，如果是出现了影响人们身体健康的重大食品安全问题，此时消费者的身体健康则变得更加重要，国家或企业将会不惜高成本、大代价的要求获取农产品流通的各个环节信息，直至生产源头，此时的“一追到底”则是唯一选择。

2. 从管理的角度

对于农产品，在流通过程中，信息的记录更多的是依靠手工完成，尤其是在流通环节的前端。

据了解，大多数连锁集团的业务更多的是在流通、销售环节，而对于农产品的生产基地，则是采取协议的方式与某些种植基地进行合作。出于成本、技术、理念方面的因素，农户对于农产品的种植信息更多的是采用手工记录，而很少是进行信息化管理。

同样，在农产品协议流通中，由于正在构建农产品信息平台，在推广应用之前，各个环节多采用手工记录的形式，利用单据进行信息的记录和传递。

在这种情况下，如果想要对农产品信息“一追到底”，有很大的难度，而

“分阶段追溯”则更为可行。

当然，在农产品信息追溯系统构建完成后，各参与方都按照供应链核心企业的要求与系统对接，并且有了完整的数据库系统来记录各种产品相关的信息，此时再进行信息追溯时，便可以实现“一追到底”。

存在的问题：由于对农产品进行信息追溯的目的大多是在当农产品出现问题时，用于查找问题根源，明确供应链上各参与主体的责任。因此，为了推卸责任，不同的环节可能不配合，在手工记录的情况下，信息的记录者可能会想办法篡改相应的信息，以及单据丢失等情况的发生，从而导致数据获取有一定的难度。

但是在信息系统记录信息的情况下，此种情况则可以最大可能的避免掉，在通常情况下，不同的系统使用者会有不同的权限来访问数据库，一旦有原始信息的修改系统都会有所记录，从而保证数据的安全性，因为任何一次访问、修改数据库，都会有相应的日志文件进行记录，同时可以通过权限设置加强对数据安全性的保护。但是对于数据的访问，也需要相应的法律法规给予约束。

“一追到底”方式与“分阶段追溯”方式的比较，如表 4－2 所示。

表 4－2　两种追溯方式比较

追溯类型	一追到底	分阶段追溯
追溯成本	高	低
管理难度	高	低
追溯条件	有电子平台	有记录（手工、电子均可）
责任明确	明确、到位	可能有遗漏
适合范围	重大事件	任何时间
数据更改	困难	容易
可能存在的风险	录入数据的真实性	录入数据的真实性

如表 4－2 所示，要想实现“一追到底”的追溯方式，对企业的要求较高，而“分阶段追溯”的方式则更适合当前的农产品流通现状，当然，在条件成熟之后（信息系统构建完成），加强对于信息安全性的保护是很有必要的。

尽管可追溯体系能够做到生产信息及过程信息向消费者公开，但是，当前可追溯模式难以解决的问题是，前期数据录入的真实性只能依赖于录入者的诚信与道德品质及法律体系的规范化程度。

目前对于农产品质量安全的解决方案，大多是通过引入信息跟踪追溯体系来实现，当出现质量安全问题时，可以为消费者提供与该产品有关的、全方位的跟踪追溯信息。但是，就其进行农产品信息追溯的初衷和目的而言，需要找出的是出现问题的环节，从而明确问题的责任主体以及问题产生的原因，而这可能只关乎农产品流通的某个或者某几个环节，而不是农产品流通的全过程，因此，对于全过程的信息追溯从效果和成本的角度来看，都是不经济的。

笔者在研究农产品信息跟踪追溯的过程中，提出了“分阶段追溯”的信息追溯模式，不但可以实现农产品信息追溯的目的，而且不论从追溯成本还是管理的角度分析，都显示出了“分阶段追溯”与传统的“一追到底”的方式相比的优越性。

4.4 典型流通模式的信息追溯

4.4.1 核心企业供应链组织型协议流通的信息追溯

核心企业一般接近产地区域，因此对生产端的控制难度不大，难点在于对需求信息的掌控。通过协议流通平台可以实时查询需求方的历史交易记录、诚信评价记录，可以做到客观的对其进行评价，对核心企业的销售决策将有非常明显的提升与辅助作用。

对于通过这一模式进行流通的农产品进行信息跟踪监控，也应以协议流通平台作为依托，向前对产地信息进行跟踪追溯，向后对销地信息进行跟踪追溯，并最终满足农户、消费者，以及核心企业对于农产品信息跟踪追溯的需求。核心企业供应链组织型的信息流动如图4－15所示。

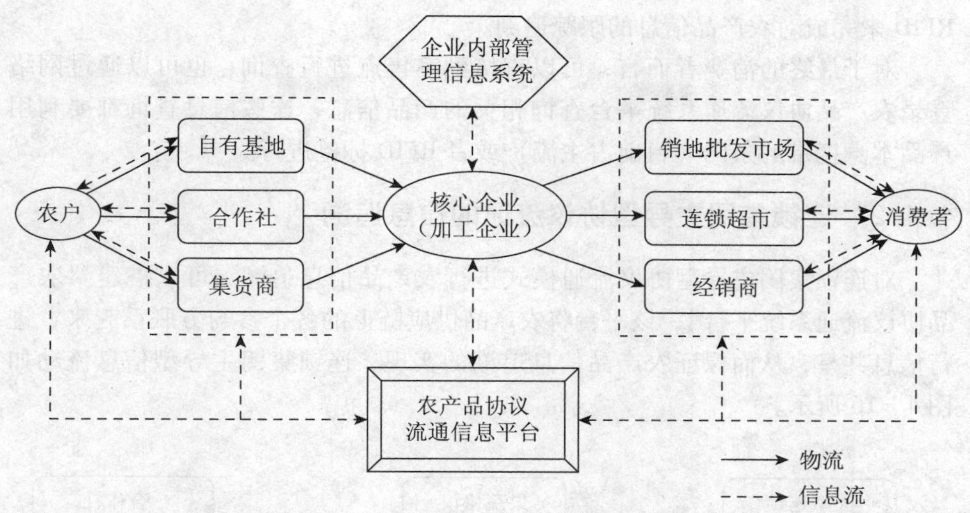

图 4－15　核心企业供应链组织型信息流动示意

从系统平台往前，在信息的采集及追溯时，农户的信息往往不容易获得，作为加工企业而言，由于对于农产品原材料有很大的需求规模，可以在与集货商或合作社等合作时占有很强的话语权，因此，可以对他们提出相应的种植及信息收集的要求，同时，可以随着合作的进一步开展和深入，通过提供技术支持的方式不断收集和完善农产品种植信息。这一部分信息通常也是采用条码或者信息表格的形式对农产品的信息进行收集和记录。

对于加工企业本身而言，则要完善企业自身的信息采集和管理，因为作为加工农产品而言，随着对于农产品的加工处理，农产品会改变原有的形状，成为新的产品在供应链上流通，并将成为信息跟踪追溯的对象，当出现产品质量问题时，更多的是加工企业的责任，而非原始农产品的种植基地。因此，在加工企业内部的各部门之间，明确相互责任，完善信息追溯，也是在构建协议流通信息平台中非常重要的组成部分，同时，加工企业会根据农产品流通的需要，从企业自身系统中抽取一部分信息提供给供应链，作为农产品流通中的信息组成。这部分信息，则可以根据加工企业的不同，以条码或者 RFID 的形式进行收集和记录，同时要对上游提供的信息进行整理，最终变成下游需要的条码或 RFID 形式。

从系统平台往后，销地批发市场对于农产品信息的需求相对较低，而连锁超市、国外经销商对这方面的需求却非常严格，需要能查询到完善的产品信息，这就可以根据企业的实际需要及产品本身的特性，选择使用条码或

RFID 来完成对农产品信息的跟踪追溯。

对于最终的消费者而言，可以直接到零售点进行查询，也可以通过网络登录农产品协议流通系统平台查询相关的产品信息，这些信息查询都要利用产品本身携带的条码（目前占主流）或者 RFID 标签进行。

4.4.2 连锁集团主导型协议流通的信息追溯

对连锁集团主导型协议流通模式进行农产品信息追溯，可以搭建“农产品协议流通系统平台”，该平台将农产品供应链上的各个参与方联系起来，进行信息共享，从而保证农产品信息追溯的实现。连锁集团主导型信息流动如图 4－16 所示。

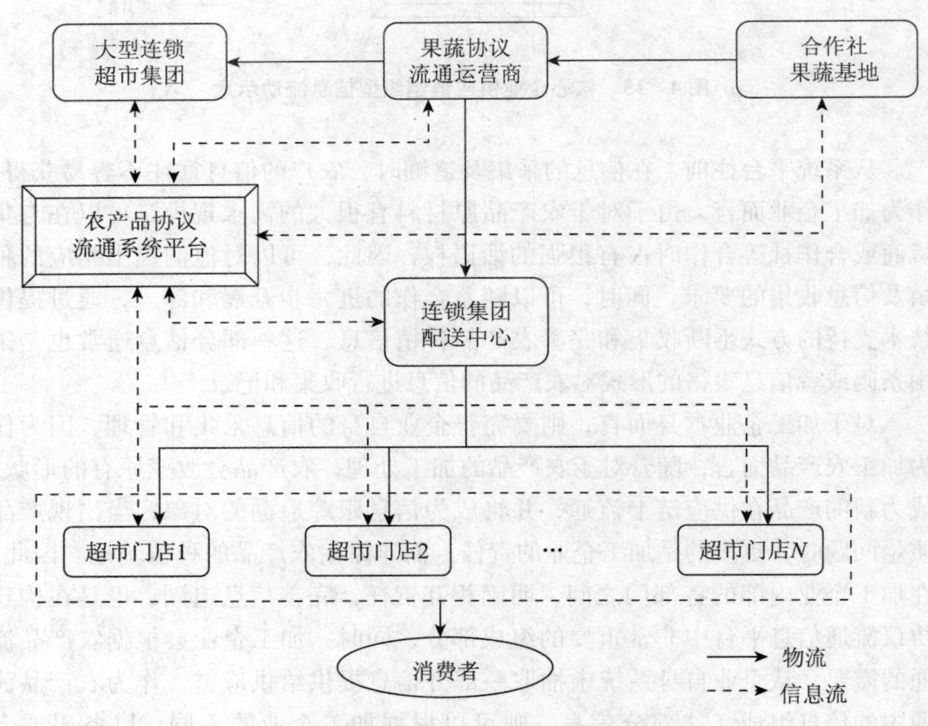

图 4－16　连锁集团主导型信息流动示意

连锁集团主导型流通模式的协议服务平台，将提供贯穿于整个流通供应链全过程的技术支持，主要包括冷链构建、标准化管理及信息技术，将果蔬类农产品从生产到最终消费高效衔接起来，实现全封闭、稳定、畅通的一种新型流通模式。

从经营策略上看，连锁集团的主要任务是保证稳定的供货渠道，加强对农产品质量安全的管理与控制，因此，它会通过自建种植基地或通过协议的方式，加强对农产品供货渠道的管理，以此来强调生产基地的来源控制。

连锁集团作为农产品流通的主要方式，如何找到诚实、可信的农产品供应者是其保证产品质量的关键因素，而消费者则主要是根据连锁超市的信用程度来决定其对产品的需求度，但他们对于农产品原产地的信息需求则不那么明确。

对于超市而言，要做好对所采购农产品的信息跟踪追溯，对外需要借助于公共的“农产品协议流通系统平台”，而对内，需要与自身的管理信息系统（MIS）或 ERP 系统相结合，实现对外交流信息的传递以及对内操作信息的记录，从而在当消费者对产品质量出现质疑时，能够通过网络尽快查出原因，给消费者满意的答案。如果原因是内部操作导致的，则应加强内部的操作管理，而如果原因是外部产生的，则应给出相应的依据，以便追究合作伙伴的责任。

在这一模式下，所采用的信息跟踪追溯技术，要根据企业的实力和内、外部两个系统的技术使用情况，一般会采用条码技术或 RFID 技术。

4.4.3 批发市场服务拓展型协议流通的信息追溯

批发市场不仅是农产品协议流通的中心环节，而且是连接生产与消费的桥梁和纽带。建立现代农产品批发市场体系，尽快实现农产品物流的科学化、网络化、现代化，就要将批发市场的建设置于协议流通的整个系统中考虑。拓展型的农产品批发市场，通过向上、下游延伸，实现了批发市场与农产品生产与零售领域的直接对接。从统计数据来看，农产品批发市场是中国农产品流通的主渠道，2007 年 70% 的农产品通过这一渠道进行分销。①

农产品批发市场通过前向一体化将农产品的生产、集散、批发环节联结起来，将农户和合作社或基地的农产品集中起来，进行简单加工、分级、商品化包装，构成农产品供应环节；然后通过后向一体化将农产品的分销和零售环节联结起来，可以进一步深加工的农产品进入加工企业，其他农产品经过批发市场的简单加工、包装直接进入超市或酒店等零售终端，构成农产品

① 张浩. 中国农产品流通模式研究：基于果蔬供应链的分析［D］. 北京：中国农业大学，2010.

销售环节。

农产品信息采集是当前农产品信息服务工作的难点，农村互联网络的低普及率以及农民较低的文化水平是两个重要的影响因素。传统的批发市场在农产品流通中的作用如图 4－17 所示。

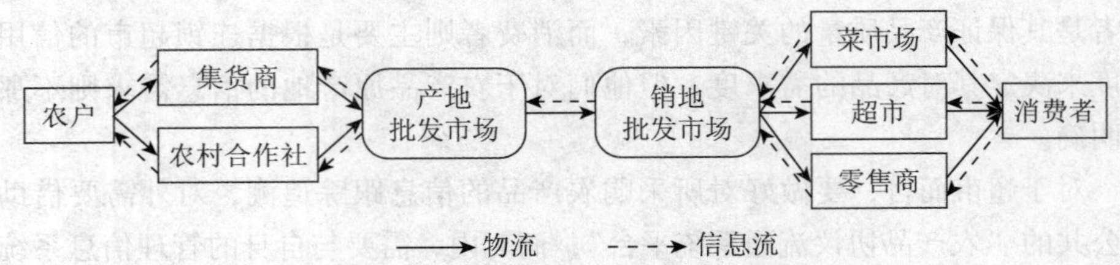

图 4－17　传统批发市场在农产品流通中的作用

在图 4－17 中，物流是正向的，从农户向消费者方向流动；而信息流则是逆向的，是从消费者向农户方向流动。但是在信息流动的过程中，批发市场起到了不可忽视的作用，并且消费者信息在批发市场处进行整合、消化，并转向农产品的生产地。由于当前的批发市场中，物流的顺畅进行已经得以实现，而信息流的及时、有效反馈却不能很好地解决，因此现有的批发市场模式已在发展中遭遇了瓶颈。

农产品信息流在协议流通的协调功能中起到关键的作用。协议流通管理模式下的批发市场信息流模式和传统企业的信息流模式不同。

在这种流协议通模式中，产地批发市场着重于提供生产指导信息、货源数量和质量信息、物流运输信息等；销地批发市场注重提供供求信息、价格信息、城市物流配送信息等。批发市场服务拓展型中的信息流动如图 4－18 所示。

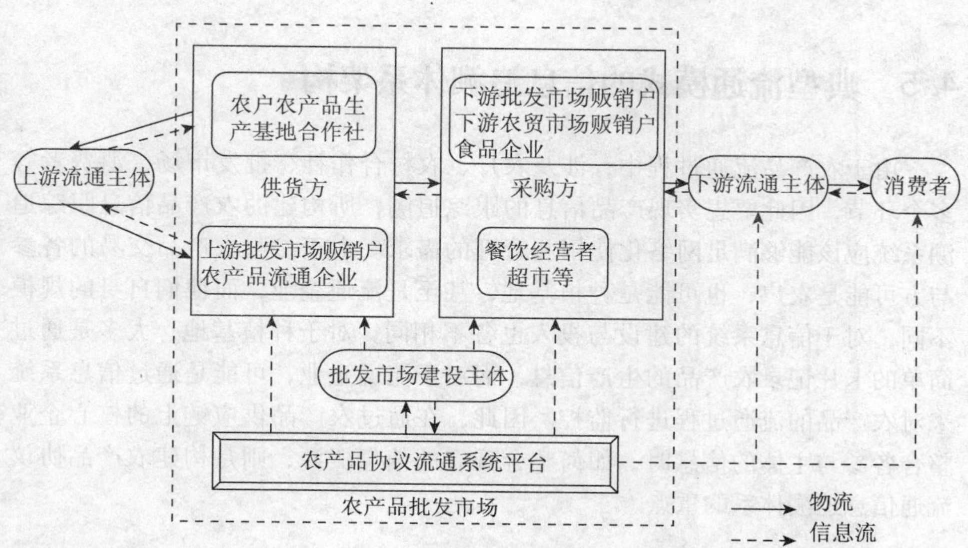

图 4-18 批发市场服务拓展型中的信息流动示意

通过建立全国统一的农产品协议流通平台可实现全国主要批发市场供求信息的在线查询、完善仓储和物流信息查询等功能。对于通过这一模式进行流通的农产品进行信息跟踪监控，可以以协议流通平台作为主导，向前对产地信息进行跟踪追溯，向后对销地信息进行跟踪追溯，并最终满足农户和消费者对于农产品信息的需求。①

由于批发市场一般都具有一定的规模，合作伙伴比较多且参差不齐，因此，对于上游分散的农户以及规模较小的集货商等提供的农产品的可追溯较差，而对于批量收购商、产地批发市场及公司合作社等具有一定规模，且合作时间较长的农产品供应商，则可以做适当的要求，由他们完成对所提供农产品的信息收集、整理及共享。这些信息在下游的单店超市、大中型超市中也是必需的，而小型果蔬店或露天超市则不是必需的。且由于农产品本身的附加值并不是很高，此时进行信息跟踪追溯最好是在后台使用网络数据库记录农产品的详细信息，而在前端则使用价格较低的条码，向消费者提供简单的产品信息的方式。对于最终的消费者而言，可以直接到零售点进行查询，也可以通过网络登录农产品协议流通系统平台查询相关的产品信息。

---

① 王晓平，张浩，安玉发．农产品协议流通中的信息跟踪追溯模式研究［J］．物流技术，2010，29（8）：122－124.

4.5 典型流通模式的信息追溯体系架构

由于农产品流通过程中，涉及农户、农村合作社、批发市场、消费者等多个环节，因此要想实现产品信息的跟踪追溯，所构建的农产品信息跟踪追溯系统应该能够满足网络化使用和管理的需求。由于参与农产品交易的各参与方可能是农户，也可能是种植基地，甚至是流通企业，而他们自身的规模不同，对于信息系统的建设与投入也各不相同，对于种植基地，大多是通过简单的卡片记录农产品的生产信息，而对于流通企业，可能是通过信息系统来对农产品的流通过程进行监控。因此，在通过农产品供应链上的核心企业整合各参与主体的信息时，如何整合现有的信息资源，则是构建农产品协议流通信息追溯体系的重点。

4.5.1 系统功能分析

由于在农产品供应链中进行交易的主体有农户和集货商（以合作社、批量收购商等形式出现）两种不同类型的农产品供应者，对于小规模经营的农户，进行农产品信息采集的可能性较小，因此在这一模式下，对农产品进入流通之前的环节进行跟踪追溯，主要定位在集货商为主体的供货单位，或者是大规模生产的农户（种植基地），他们也可以被看作是集货商，只是集货的对象是其自己生产的农产品。

本系统对于农产品的信息采集分为农产品基本信息和农产品生产信息两部分。由于农产品种植的规模性和生产过程的统一性，来源于同一块地的同种农产品，其生产信息完全相同，因此可以用一个可读写的芯片来记录农产品的生长过程信息，包括种子信息、农药喷洒信息、产地信息、农户信息等。而产品基本信息则主要记录产品的名称、分类、生产日期、价格等信息。其中农产品生产信息以几个字段的形式出现在农产品基本信息中。

当农产品采摘后，完成一个地块的农产品生产信息的记录，在分别进行销售时，虽然每个农产品上仅保留和传递基本信息，但是，用户可以通过网络数据库查询到该产品生产过程的全部信息。

农产品协议流通系统平台将实现对参与协议流通的农产品流通过程进行管理、实现数据交换等功能。其功能结构如图 4－19 所示。

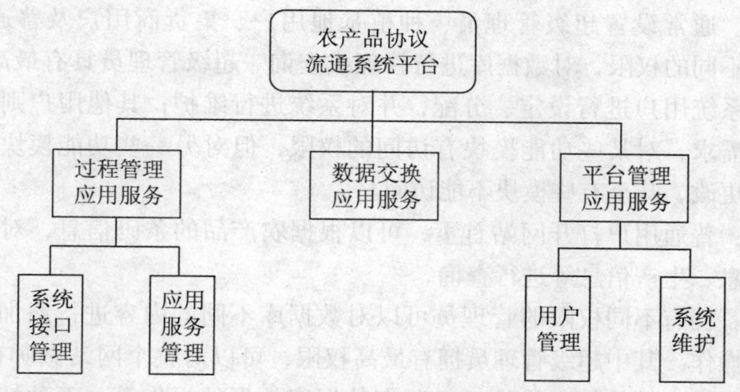

图 4－19　“农产品协议流通系统平台”功能结构示意

农产品协议流通系统平台实现全国范围内合作社、规模农户的信息查询、信用查询、交易记录查询等功能，完成其对于上游农产品信息的跟踪追溯。而对于消费者而言，只需要将信息反馈给超市即可，对其产品质量安全负责任的应该是超市。这完全符合“分阶段追溯”的思路。

1. 过程管理应用服务

过程管理应用服务模块，包括系统接口管理与应用服务管理两部分。

系统接口管理的作用，一方面此系统可以与其他系统进行对接、整合，在农产品供应链上，各参与方通过自身的信息系统记录农产品信息，而农产品协议系统平台提供的系统接口，让各合作伙伴间的信息共享成为可能；另一方面此系统可以与企业自身的 ERP 等信息系统对接，使企业内部数据为此平台的信息获取提供数据来源。

在应用服务管理模块，可以将农产品流通过程中设计的各种工作内容作为应用服务，同时还可以提供相应的增值服务，以充分发挥协议流通平台的作用，例如可以设定种植管理、采收管理、供应商管理、交易管理等多种系统应用服务。

2. 数据交换应用服务

农产品协议流通系统平台可以通过“数据交换服务”模块实现各协议对象之间的数据交换。由于不同的企业的信息系统可能采用不同的数据结构，为了实现系统中信息的无缝对接，就需要通过制定共同的数据标准作为数据交换的依据。

3. 平台管理应用服务

系统通过设置不同的用户权限，来限定各协议对象对系统数据的访问及使用情况。通常设置超级管理员、种植基地用户、集货商用户及普通用户，分别给予不同的权限，对数据库进行管理或查询。超级管理员具有最高权限，会对所有系统用户进行设定、分配，并对系统进行维护；其他用户则根据自身的业务需求，对某些功能模块有访问的权限，但对另一些功能模块只能浏览，不能更改，甚至有些模块不能访问。

查询：普通用户打开网站首页，可以根据农产品的条码信息，对农产品的基本信息、生产信息等进行查询。

管理：拥有不同权限的管理员可以对数据库不同的内容进行添加、修改或删除等操作。其中超级管理员拥有最高权限，可以对整个网站做所有操作，包括对各级管理员的信息维护，对所有数据库数据的操作等。而种植基地用户、集货商用户则定时详细的录入农产品的生产信息和流通信息。

4.5.2 信息追溯系统结构设计

系统的总体设计结构如图 4－20 所示，系统前台结构如图 4－21 所示，而系统后台结构如图 4－22 所示。

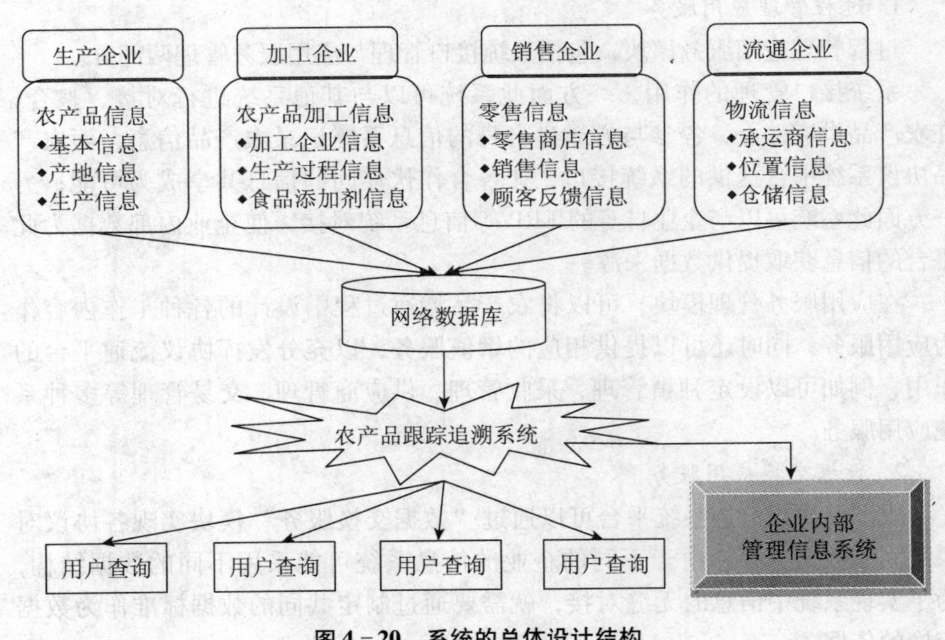

图 4－20　系统的总体设计结构

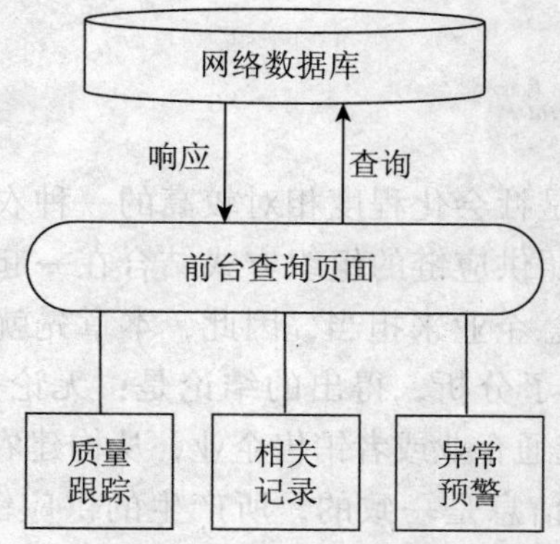

图 4－21　系统前台结构

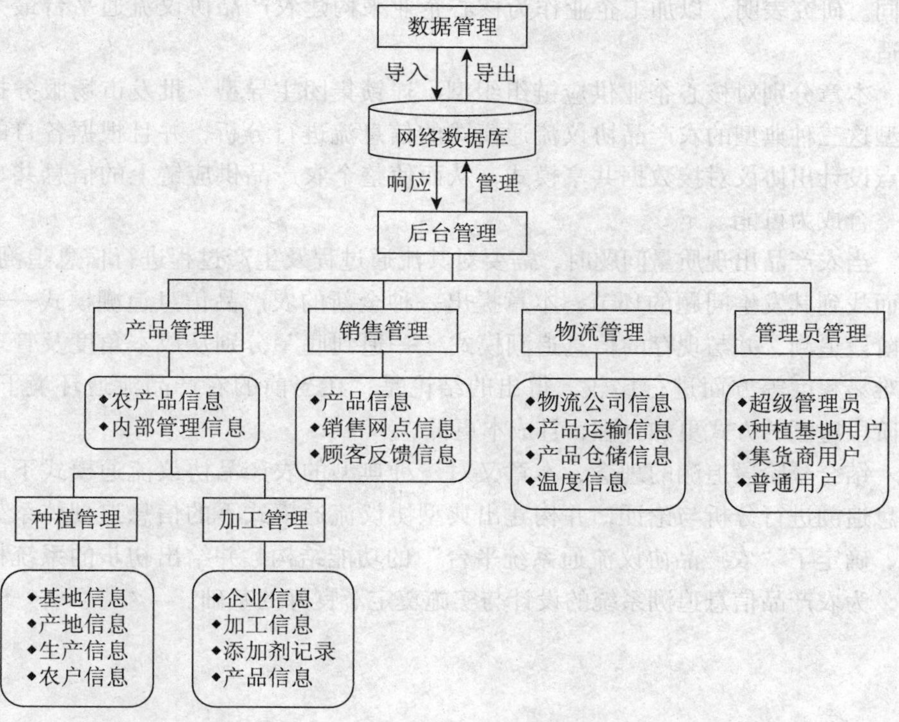

图 4－22　系统后台结构

4.6 小结

典型协议流通模式是社会化程度相对较高的一种农产品流通模式，各个参与主体之间的合作按照供应链的组织方式结合在一起。由于核心企业可以由农产品供应链上的任意企业来担当，因此，本章先就不同的参与主体担当主导企业时的情况进行了分析，得出的结论是：无论是生产企业（种植基地）、加工企业，还是流通企业或者销售企业，从构建农产品协议流通信息平台的角度，所要提供的信息是一致的，所产生的供应链总成本也是相似的，只是总成本的主要承担者有所区别；但是从管理难度上，不同的企业担任核心企业的情况却大不相同，从而导致各企业构建信息系统平台的意愿也有所不同。研究表明，以加工企业作为核心企业来构建农产品协议流通平台最为合适。

本章分别对核心企业供应链组织型、连锁集团主导型、批发市场服务拓展型这三种典型的农产品协议流通模式的信息流进行分析，并且根据各自的特点设计出协议对接数据共享模式，从而使整个农产品供应链上的信息共享与整合成为可能。

当农产品出现质量问题时，需要对其流通过程及生产过程进行信息追溯，从而找到其发生问题的环节。本章提出一种全新的农产品信息追溯模式——分阶段追溯，并与现存的信息追溯模式“一追到底”分别从成本角度及管理的难易程度等方面进行比较，得出的结论是：在当前的农产品流通环境下，分阶段追溯的方式更加合理，且成本更低。

结合分阶段追溯的理念，本章又对三种典型的农产品协议流通模式下的信息追溯进行分析与论证，并构建出典型协议流通模式下的信息追溯体系架构，确定了“农产品协议流通系统平台”的功能结构，并给出初步的系统构架，为农产品信息追溯系统的设计与实施奠定了良好的基础。

5　典型模式下的信息追溯系统设计与实现

果蔬农产品的信息追溯系统包括四大模块：种植基地、批发商、物流过程、销售环节（零售商）。在进行系统设计时采用C/S（客户端/服务器）和B/S（浏览器/服务器）模式相结合的技术路线进行。系统是一个基于INTERNET / INTRANET的，具备多源信息管理、表达、查询检索与物流业务分析等功能的应用软件平台。

系统的数据库由产品基本信息、种植基地信息、批发商信息、物流信息、销售信息五部分构成。各部分之间实现数据共享，从而保证数据的一致性要求。系统的功能从逻辑上可分为三大块：信息管理、数据管理和辅助决策，各逻辑模块内部是由具有相互调用关系的功能组件组成的。

5.1　核心企业供应链组织型流通模式中的信息追溯系统设计与实现

5.1.1　设计原理

面向服务的体系结构（Service - oriented Architecture，SOA）是一个组件模型，它将应用程序的不同功能单元（称为服务），通过这些服务之间定义良好的接口和契约联系起来。接口是采用中立的方式进行定义的，它应该独立于实现服务的硬件平台、操作系统和编程语言。这使得构建在各种这样的系统中的服务可以以一种统一和通用的方式进行交互。基于SOA架构的软件系统，不仅符合当前软件业的发展趋势，对于企业用户来说，无论是使用、维护还是将来的系统扩展都必然会从中受益匪浅。

1. 基于SOA的架构设计

SOA是一种软件系统架构和软件设计模式，而企业服务总线（Enterprise Service Bus，ESB）是实现这种架构的一种具体方法。Web服务是实现基于SOA的ESB集成方法的核心，它基于可扩展标记语言（Extensible Markup Language，XML）、符号最优汇编程序（Symbolic Optimal Assembly Program，SOAP）、Web服务描述语言（Web Services Definition Language，WSDL）和用

户数据报协议（User Datagram Protoco，UDP）等协议。Web 服务技术是一个崭新的分布式计算模型，是 Web 数据和信息集成的有效机制。基于 SOA 的 ESB 集成系统的基本单元是服务，这些服务是可互操作的、独立的、模块化的、位置明确的、松耦合的，并且可以通过网络查找其地址。服务间通过消息互相调用，通过服务协调，完成一定的业务处理，服务请求者无须知道服务提供者的技术细节。SOA 强调通过清晰的系统结构层次，使系统具有良好的通用性和可维护性。SOA 从软件体系结构的角度出发改造企业的原有系统或设计新的应用系统，从而支持动态实现将来未知的企业应用集成。

SOA 服务具有平台独立的自我描述 XML 文档。Web 服务描述语言是用于描述服务的标准语言。SOA 服务用消息进行通信，该消息通常使用 XML Schema 来定义。消费者和提供者或消费者和服务之间的通信多见于不知道提供者的环境中，服务间的通信也可以看作企业内部处理的关键商业文档。基于 SOA 体系结构的设计原理如图 5－1 所示。

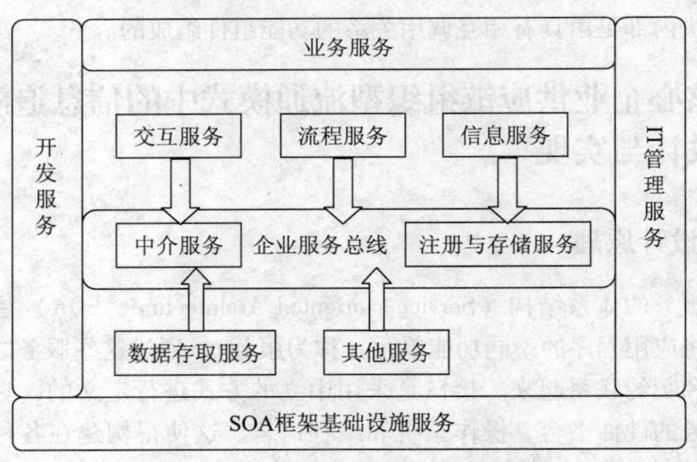

图 5－1　基于 SOA 体系结构的设计原理

供应链快速响应系统涉及上游供应商、下游销售商及第三方物流公司，这些合作伙伴的信息系统、单证及数据交换格式都不相同，使用传统系统集成方式大大增加了系统集成的成本和复杂性。为适应激烈市场竞争需要，企业需要引入新的合作伙伴，淘汰不能满足服务要求的合作方，企业供应链始终处于一个动态重组的状态。新合作伙伴的加入，意味着需要协同新的业务流程、集成新的信息系统、处理新的格式数据。企业间业务流程协同，需要有一个开放、松散耦合的信息集成系统来支持。

2. 产品信息采集

由于在核心企业供应链组织型协议流通中，进行交易的主体有农户和集货商（以合作社、批量收购商等形式出现）两种不同类型的农产品供应者，对于小规模经营的农户，进行农产品信息采集的可能性较小，因此在这一模式下，对农产品进入流通之前的环节进行跟踪追溯，主要定位在集货商为主体的供货单位，或者是大规模生产的农户（种植基地），他们也可以被看作是集货商，只是集货的对象是其自己生产的农产品。

本系统对于农产品的信息采集分为农产品基本信息和农产品生产信息两部分。由于农产品种植的规模性和生产过程的统一性，来源于同一地块的同种农产品的生产信息完全相同，因此可以用一个可读写的芯片来记录农产品的生长过程信息，包括种子信息、农药喷洒信息、产地信息、农户信息等。而产品基本信息则主要记录农产品的名称、分类、生产日期、价格等信息。其中农产品生产信息以一个字段的形式出现在农产品基本信息中。

当农产品采摘后，完成一个地块的农产品生产信息的记录，在分别进行销售时，虽然每个农产品上仍保留和传递基本信息，但是，其生产过程信息的记录和存储，可以使需求者通过网络追溯到该产品生产的全部信息。

3. 功能分析

本系统设置超级管理员、种植基地用户、集货商用户及普通用户，分别给予不同的权限，对数据库进行管理或查询。

查询：普通用户打开网站首页，可以根据农产品的条码信息，对农产品的基本信息、生产信息等进行查询。

管理：拥有不同权限的管理员可以对数据库不同的内容进行添加、修改或删除等操作。其中超级管理员拥有最高权限，可以对整个网站做所有操作，保管对各级管理员的信息维护，对于所有数据库数据的操作等。而种植基地用户、集货商用户则定时详细的录入农产品的生产信息和流通信息。

5.1.2 系统实现

SOA 摆脱了面向技术的解决方案，朝着面向服务的方向发展。与其他架构相比，SOA 更有弹性，使得企业能够对变化做出快速响应，并且利用变化来获得优势，SOA 为动态、异构的供应链快速响应系统集成提供了一个理想的构架模式。基于 SOA 的集成框架定义了一个数据适配器完成数据转换、消息驱动服务的模型。将业务处理逻辑封装成一系列的服务组件，消息处理器接收系统外发送来的请求消息，通过注册中心检索相应的数据适配器完成数据转换，将转换后的数据封装成一定格式的数据消息，调用服务组件，完成数据处理。

采用基于 SOA 的系统集成方法，可以有效地降低被集成系统之间的耦合程度，具有良好的可扩展性、可复用性、可维护性。基于 SOA 模式的集成系统执行过程包括服务注册、请求消息发送、消息解析、数据适配器进行数据转换和 Web 服务处理五个阶段，各阶段执行过程如图 5－2 所示。

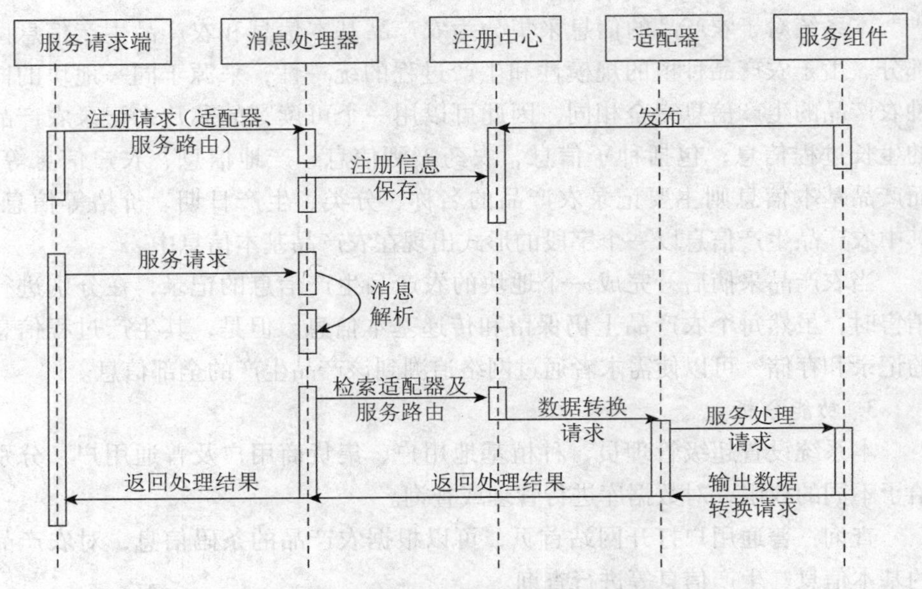

图 5－2　基于 SOA 模式的集成系统执行过程

系统的体系结构包括四层：客户端浏览器、应用程序服务器、数据库服务器和信息交换层。客户端浏览器层处理与用户的交互，能通过 HTTP 协议从 Web 服务器下载 HTML 页面。应用程序服务器层包括 Web 服务器和应用程序两部分，其中 Web 服务器处理用户发出的 HTTP 请求并解释应用程序返回的处理结果。数据库服务器层主要包括各种数据信息，最后信息交换层主要负责外部数据的录入和交换，为系统提供可靠的数据来源。

5.2　连锁集团主导型流通模式中的信息追溯系统设计与实现

如前所述，由于农产品流通过程中，主要涉及生产基地（农户）、连锁集团、配送商、连锁门店、消费者等多个环节，因此要想实现产品信息的跟踪追溯，所构建的农产品信息跟踪追溯系统应该能够满足网络化管理的需求。

5.2.1　设计理念

虚拟专用网络（Virtual Private Network，VPN）技术是通过一个公用网络（通常是因特网）建立一个临时的、安全的连接，是一条穿过混乱的公用网络的安全、稳定的隧道。通常，VPN 是对企业内部网的扩展，通过它可以帮助远程用户、公司分支机构、商业伙伴及供应商同公司的内部网建立可信的安全连接，并保证数据的安全传输。VPN 可用于不断增长的移动用户的全球因特网接入，以实现安全连接；可用于实现企业网站之间安全通信的虚拟专用线路，用于经济有效地连接到商业伙伴和用户的安全外联网虚拟专用网。

VPN 架构中采用了多种安全机制，如隧道技术（Tunneling）、加解密技术（Encryption）、密钥管理技术、身份认证技术（Authentication）等，通过上述的各项网络安全技术，确保资料在公众网络中传输时不被窃取，或是即使被窃取了，对方亦无法读取数据包内所传送的资料。

VPN 是一种“基于公共数据网，给用户一种直接连接到私人局域网感觉的服务”。VPN 极大地降低了用户的费用，而且提供了比传统方法更强的安全性和可靠性。

VPN 可分为三大类：①企业各部门与远程分支之间的 Intranet VPN；②企业网与远程（移动）雇员之间的远程访问（Remote Access）VPN；③企业与合作伙伴、客户、供应商之间的 Extranet VPN。

5.2.2　系统实现

在前面研究的基础上，运用 JSP + MySQL 进行开发设计，JSP 设计动态网页，将采集到的农产品信息保存在网络数据库中，利用 Web 动态交换技术和浏览器（Browser）/服务器（Sever）模式（B/S 模式），实现信息的访问和共享，供各级生产商和消费者查询、追溯。

1. JSP 动态交互技术和 MySQL 数据库

JSP（Java Server Pages）是由 Sun Microsystems 公司倡导，许多公司参与

一起建立的一种动态网页技术标准。用 JSP 开发的 Web 应用是跨平台的，既能在 Linux 下运行，也能在其他操作系统上运行。JSP 技术具有平台无关性、面向对象、数据库功能强大、运行效率高、安全性高等特点，使得 JSP 技术能够适应当前的各种 Web 应用程序的不断变化和发展，成为当前开发动态网页的主流技术。

MySQL 是目前最为流行的开放源代码的数据库之一，是完全网络化的跨平台的关系型数据库系统，它是由瑞典的 MySQL AB 公司开发、发布并支持的。MySQL 具有功能强大、支持跨平台、运行速度快、支持面向对象、安全性高、成本低、支持各种开发语言、数据存储量大、支持强大的内置函数等特点。MySQL 可以称得上是目前运行速度最快的 SQL 语言数据库。

2. 信息采集

由于在连锁集团模式中进行交易的主体是以协议形式存在的生产基地或自营基地，因此农产品信息的采集相对容易一些，这些信息主要包括农产品的基本信息和生产信息两部分。由于生产基地是按照协议进行生产的，因此生产信息所包含的种子信息、喷洒农药信息等应该是完全按照协议规定完成，是标准化的信息，而农产品的基本信息是区别农产品的主要依据。

当农产品采摘后，完成一个地块的农产品生产信息的记录，在分别进行销售时，虽然每个农产品上仍保留和传递基本信息，但是，其生产过程信息可以通过网络追溯到该产品生产的全部信息。

在农产品流通过程中，不可缺少运输配送环节，在连锁集团主导型协议流通中，提供运输配送服务的是连锁集团内部的物流部门，或者自营的物流公司，或者是签订合作协议的第三方物流公司。但不论是哪一种，连锁集团对其都有相对明确的管理权限和信息记录。因此，在采集运输配送信息时，相对比较简单。

在销售过程中，连锁集团主导型协议流通中，所有的农产品都由连锁门店销售，而这些连锁门店作为连锁集团的一部分，是其内部实体，其管理方式及信息记录也由连锁集团统一负责。因此，在采集销售信息时，也相对简单。

3. 功能分析

本系统设置超级管理员、生产基地用户、集团用户、配送商用户、零售门店用户及普通用户，分别给予不同的权限，对数据库进行查询或管理。

查询。普通用户打开网站首页，可以根据农产品的条码信息，对农产品的基本信息、销售信息、生产信息等进行查询；连锁门店用户通过网站，可查询农产品的销售状况，以及预订的农产品目前的状态；集团用户，可以通过网站，查询农产品的生产、运输配送、销售等各环节的信息。

管理。拥有不同权限的管理员可以对数据库不同的内容进行添加、修改或删除等操作。其中超级管理员拥有最高权限，可以对整个网站做所有操作，保管对各级管理员的信息维护，对于所有数据库数据的操作等。而生产基地用户、配送商用户则定时详细的录入农产品的生产信息和流通信息，而零售门店用户则随时更新销售信息。根据这些信息，集团用户及时地了解农产品的生产销售信息，并根据销售状况，及时调整生产管理的思路。

该部分对应的系统采用模型视图控制器（Model View Controller，MVC）的设计模式，由三部分组成：Model 是指对业务数据/信息的处理模块，包括对业务数据的存取、加工、计算、综合等；View 是指用户界面，就是面向用户的数据显示，即前台显示模块，为消费者查询提供一个产品的跟踪追溯信息，对数据库模块操作后，其结果就是通过视图来显示的；Controller 控制器用来管理用户与视图发生的交互，确定查询信息的相应关键字，负责操控 Model，对其进行管理，以满足用户界面的查询。

（1）系统运行环境。JSP 的服务器软件选择 Apache Tomcat Web Server，操作系统则选择 Windows Server。数据库服务器软件为 MySQL，客户端软件则为 IE 浏览器或者 Firefox 浏览器软件。

（2）数据库设计。数据库设计主要包括与农产品信息有关的各种表格：农产品基本信息表、产地信息表、供应商信息表、种子信息表、农药喷洒记录表、生长记录表、采摘信息表、农户信息表、集团管理信息表、协议信息表、承运商信息表、运输过程记录表、连锁门店、销售信息表、管理员信息表等。

（3）关键技术。根据管理员性质的不同，设置了不同管理员的不同权限，在同一个登录界面通过选择管理员类型，进入不同的管理界面。

数据的集中处理与实时处理相结合。在农产品生产过程中，农产品的生长信息往往以表格的形式不断记录农产品的生长过程，此阶段可以使用单机版进行操作，农户将在每个阶段所发生的相关信息进行录入，到农产品采摘之后形成完整的生长信息，随着农产品的上市流通，生长信息进入网络数据库，以便消费者查询，此后相关的信息将不能再进行更改。

对于农产品的运输配送信息，考虑到农产品在运输过程中对温度有一定的要求，因此，可以将运输配送过程用带温度标识的 RFID 芯片记录，既可以随时掌握农产品所处的位置，又可以及时掌握运输配送过程中的温度控制，从而降低运输配送过程由于温度变化造成的损耗，降低成本。

连锁集团要及时掌握农产品的销售状况，从而根据市场需求变化决定农产品上市的时间，以及对农户种植的指导。这些销售信息主要来源于连锁门店的销售状况，因此，这些销售信息的收集与共享需要保证。

5.3 批发市场服务拓展型流通模式中的信息追溯系统设计与实现

5.3.1 设计理念

根据前面的分析，批发市场在协议流通过程中，更多的是承担为交易双方提供交易环境的作用，而批发市场的盈利方式则主要是通过收取相应的摊位费、提供额外服务来获得，因此，批发市场的经营策略是如何吸引到更多的客户前来交易。

由于通过批发市场进行交易的群体，大多是小规模、零散的农户或商家，因此，大多没有完备的信息系统来记录农产品信息，有的能通过 Excel 等电子表格进行记录，有的全凭手工记录，当然，也有到批发市场进行采购的连锁集团企业，他们会有比较强大的信息系统做支撑。

基于以上原因，在对批发市场进行信息追溯系统的设计时，考虑到批发市场参与者的实际情况，同时考虑成本问题，出发点应该降低到对现有的农产品记录进行收集、整合，而这更多的要依靠参与方已有的信息资源。

云计算（cloud computing）是一种基于互联网的计算方式，通过这种方式，共享的软硬件资源和信息可以按需提供给计算机和其他设备。云计算的核心思想是将大量用网络连接的计算资源统一管理和调度，构成一个计算资源池向用户按需服务。云计算的工作理念如图 5－3 所示。

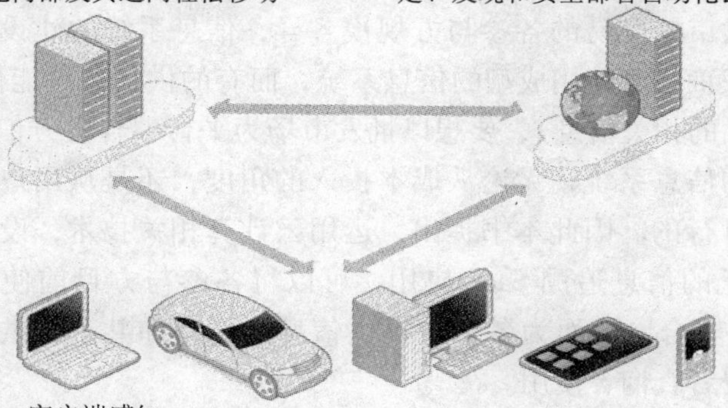

图 5-3 云计算的工作理念

具体来说，云计算可以按照交付模式的不同分为以下三个层次。

1. 基础设施即服务（Infrastructure as a Service，IaaS）

消费者通过 Internet 可以从完善的计算机基础设施获得服务。它提供的服务是各种虚拟 IT 设施，包括计算机、存储、网络和其他基本的计算资源。用户可以在虚拟的 IT 设施上部署和运行任意软件，包括操作系统和应用程序。

2. 软件即服务（Software as a Service，SaaS）

软件即服务（Software as a Service，SaaS）是基于互联网提供软件服务的软件应用模式。它是一种通过 Internet 提供软件的模式，用户无须购买软件，而是向提供商租用基于 Web 的软件，来管理企业经营活动。相对于传统的软件，SaaS 解决方案有明显的优势，包括较低的前期成本、便于维护、快速展开使用等。

3. 平台即服务（Platform as a Service，PaaS）

PaaS 实际上是指将软件研发的平台作为一种服务，以 SaaS 的模式提交给用户。因此 PaaS 也是 SaaS 模式的一种应用。但是，PaaS 的出现可以加快 SaaS 的发展，尤其是加快 SaaS 应用的开发速度。

据调查，我国的物流服务企业中，仅有 39% 的企业拥有物流信息系统，而这中间绝大多数是大型的物流企业，中小物流企业的比例更低。现代信息技术落后成为中小物流企业发展的最大软肋。物流企业信息化程度很低的主要原因是大多数物流管理系统的成本较高，而中小物流企业的起点很低，因成本限制严重制约了物流企业信息化的进程。这种新型的 SaaS 模式下的物流信息系统应用俨然成为了低成本提高物流信息化程度、降低企业的管理成本、提升物流增值服务内容，以及创造更大利润的重要解决方案。

结合参与批发市场交易的各参与方规模各异，信息系统的建设程度也各不相同（有的批发商已经使用成型的信息系统，而有的供货商可能仅以 Excel 的形式提供农产品的相关信息），要想以批发市场为平台整合各方信息，搭建一个各方都适用的信息系统，无论从成本投入的角度，还是从用户接受意愿的角度，都是不可行的。因此本书提出，运用云计算相关技术，设计实现一个以云平台为依托的信息追溯 SaaS 应用，可以将各参与方目前使用的各种“信息系统”进行整合，从而为各企业提供信息的访问和共享，供各级生产商、批发商和消费者查询、使用。

5.3.2 系统实现

为了有效支持云计算，其体系结构必须满足以下几个方面的要求。首先，系统必须是自治的，即需要内嵌有自动化技术，以减轻或消除人工部署和管理任务，而允许平台智能地响应应用的要求；其次，云计算的架构必须是敏捷的，能够对需求信号或变化做出迅速的反应。内嵌的虚拟化技术和集群化技术，能应付增长或服务级要求的快速变化。

作为 SaaS 应用运行的底层支撑技术之一，Xen 被选为本书平台的虚拟化技术。Xen 是一个开放源代码虚拟机监视器，由剑桥大学开发。它可以支持在单个计算机上运行多达 100 个满特征的操作系统，基本可以满足本书 SaaS 应用的部署运维需求。

SaaS 应用系统本身基于 B/S 模式开发，以 Web2.0 技术为表现方式，具体来说选择以 Apache Tomcat 作为 Web 服务器。Tomcat 是一个轻量级应用服务器，在中小型系统和并发访问用户不是很多的场合下被普遍使用，是开发和调试 Web 应用程序的首选。

本研究平台的系统运行环节如图 5－4 所示。基于 Xen 技术的虚拟基础设施层被用于作为整个运行时环境的基础，一系列的物理服务器、物理存储、网络设施等物理资源经过虚拟化后，将以一种统一的共享资源被使用。

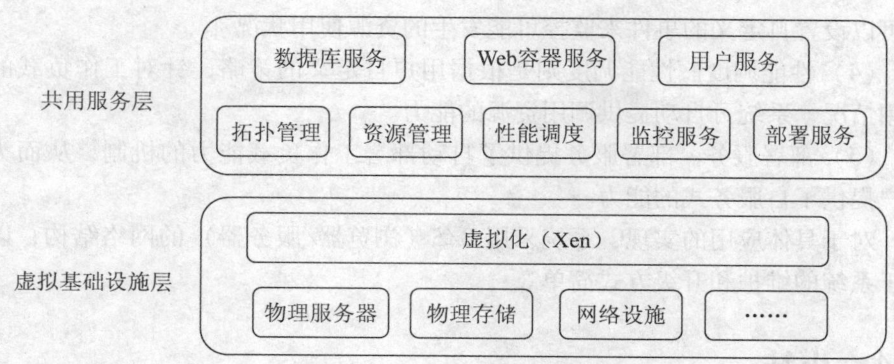

图 5-4 系统运行环节

而作为在虚拟基础设施层之上、应用程序层之下的共用服务层，则提供了一系列的共享服务，这些服务可以分为两类：一类是业务应用程序类服务，另一类是运营支持类服务。其中，业务应用程序类服务包括了如图 5-4 所示的三类服务。

（1）数据库服务。它提供了一种基于 MySQL 的关系型数据库服务，与传统数据库开发完全兼容；与传统的数据库应用相比，该数据库服务则是以更为直接、简单的方式来提供数据库层面的使用。用户不需要关心底层的数据库操作，例如如何建立表、空间等，可以直接上传业务应用需要的结构化查询语言（Structured Query Language，SQL）或数据库模式定义语言（Data Definition Language，DDL）文件，该服务可自动创建对应的数据库表及字段等。

（2）Web 容器服务。Web 容器服务是由一些不同特性的 Web 服务组件组成，由一组 Apache Tomcat Server 组成。这些服务可按照不同的服务水平协议（Service Level Agreement，SLA）提供不同级别的服务。每个 Web 服务进程实际处理用户的 HTTP 请求，从而来响应客户端的访问。

（3）用户服务。用户服务则是提供了一个统一的用户及其权限管理的基础能力，便于上层业务应用直接调用该服务完成相应的用户操作。

而运营支持类服务主要用于管理维护业务应用程序所需资源，包括了如图 5-4 所示的五类服务。

（1）拓扑管理。根据工作负载的不同，拓扑管理用于提供不同类型的支持能力：单节点或者集群。

（2）资源管理。资源管理用于针对虚拟化的资源，按照使用的不同情况进行管理。

（3）监控服务。监控服务主要针对运行过程中资源利用情况的监控，用户可以设置自定义的事件来监控可能发生的资源使用状况。

(4) 性能调度。性能调度则是根据用户自定义的策略，针对工作负载的使用情况，系统可自动提供调用资源的能力。

(5) 部署服务。部署服务提供了自动部署工作负载能力的机制，从而为用户提供了自服务式的能力。

对于具体应用的实现，系统采用 B/S（浏览器/服务器）的网络结构，以便于系统的维护和升级方式简单。

5.4 小结

本章着重分析了核心企业供应链组织型、连锁集团主导型、批发市场服务拓展型三种典型的农产品协议流通模式的运作前提，分别研究了不同模式下的信息追溯理念及系统实现。

核心企业供应链组织型协议流通模式，其系统运作的出发点是各参与方相互独立，完全按照供应链管理的思路展开合作，相互之间的合作是在共赢的基础上展开，研究给出的设计思路是采用面向服务的体系结构（SOA），并以此为技术手段，设计实现了该协议流通模式下的农产品信息追溯系统。

连锁集团主导型协议流通，其系统运作的出发点是以连锁集团为供应链的核心企业，连锁集团对整条农产品供应链拥有绝对的控制权和管理权，各参与方相互之间的合作是紧密围绕连锁集团进行的，研究给出的设计思路是企业 ERP + VPN（虚拟专用网络），并以此为技术手段，设计实现了该协议流通模式下的农产品信息追溯系统。

批发市场服务拓展型协议流通模式，其系统运作的特点是由批发市场搭建公共信息平台，将各参与方的农产品信息记录进行整合、共享，相互之间的合作是松散的、不稳定的，研究给出的设计思路是通过云计算的方式对各参与方的现有信息资源进行整合，并以此为技术手段，设计实现了该协议流通模式下的农产品信息追溯系统。

6　三种典型模式的信息追溯应用及比较

本章分别结合典型应用案例对当前农产品协议流通的三种主流模式：核心企业供应链组织型协议流通模式、连锁集团主导型协议流通模式、批发市场服务拓展型协议流通模式下的信息追溯方法及系统进行了应用性分析研究，以期为同类企业提供可供借鉴的信息追溯系统解决方案。

在进行了充分的分析之后，本章将对农产品协议流通的三种不同方式，分别从经营理念、管理策略、体系构架、风险控制等方面进行比较、总结。

6.1　典型案例的应用分析

6.1.1　核心企业供应链组织型——新疆果业

1. 背景介绍

新疆果业集团（以下简称“新疆果业”）是新疆维吾尔自治区供销社控股的大型林果业企业集团，是国家农业产业化重点龙头企业、自治区重点扶贫龙头企业、国家商务部“双百市场工程”大型农产品流通试点企业、全国供销合作总社农业产业化重点龙头企业和先进集体。2008—2010 年作为国家科技攻关项目——果蔬类农产品协议流通管理与服务应用示范（编号：2008BADA0B08）的参与单位，对核心企业供应链组织型协议流通模式做了尝试和示范，取得了较好的效果。

近年来，新疆果业立足新疆特色林果资源优势，以建成百万吨特色林果产业规模为目标，建成综合果蔬加工生产线 5 条，干坚果加工生产线 3 条，果品保鲜库 2.5 万吨，农副产品仓储群 30 万平方米，铁路专用线 250 米。按照“公司 + 农民专业合作社（协会） + 基地 + 农户”模式，领办农民专业合作社 20 家，发展订单农业 40 万亩，年加工、物流配送农副产品 100 万吨，在国内外市场建立了稳固的销售渠道，构建了从基地、加工到市场、配送和终端卖场一条龙的农副产品营销网络。主要产品为果脯、葡萄干、杏仁等。

2. 系统分析

对新疆果业的“公司 + 农民专业合作社（协会） + 基地 + 农户”模式进

行充分的调研和分析后，在整理协议流通标准（包含国家和行业标准）的基础上，分析了协议流通过程的构成要素，如图6－1所示。

并且，作为瓜果产品加工企业的新疆果业，在担任协议流通核心企业，构建协议流通信息平台搭建的同时，还不断完善自身的企业信息系统，建立新疆果业集团ERP信息管理中心，中间协议流通信息管理应用软件已在7家果蔬加工、流通企业，10家专业合作社进行信息联网和示范推广，形成了以加工企业为主导的核心企业供应链组织型协议流通模式。

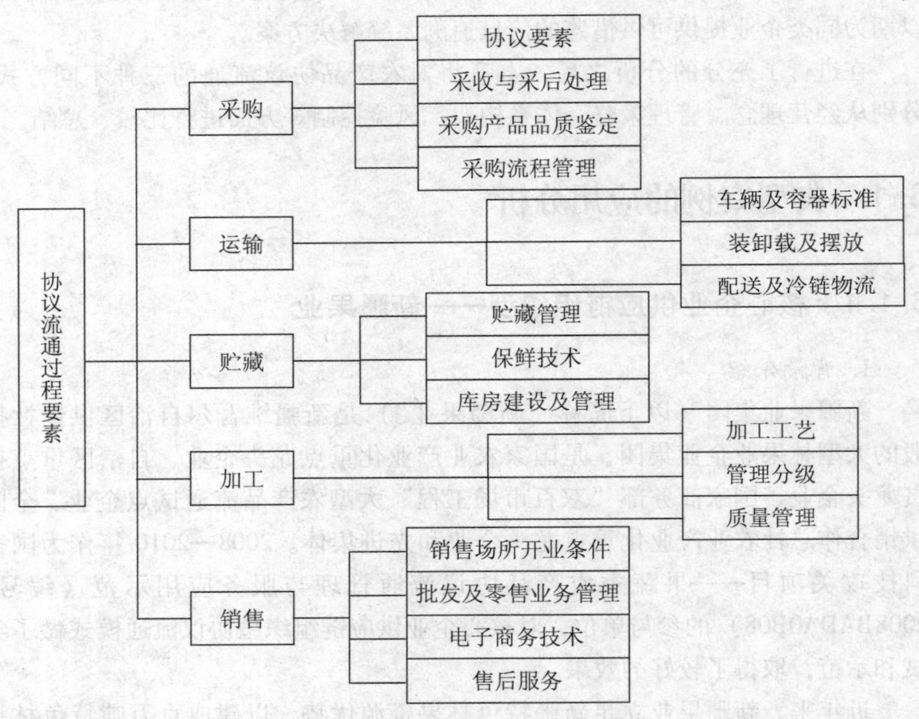

图6－1　协议流通过程的构成要素

新疆果业制定的果蔬类产品协议流通信息管理平台如图6－2所示。

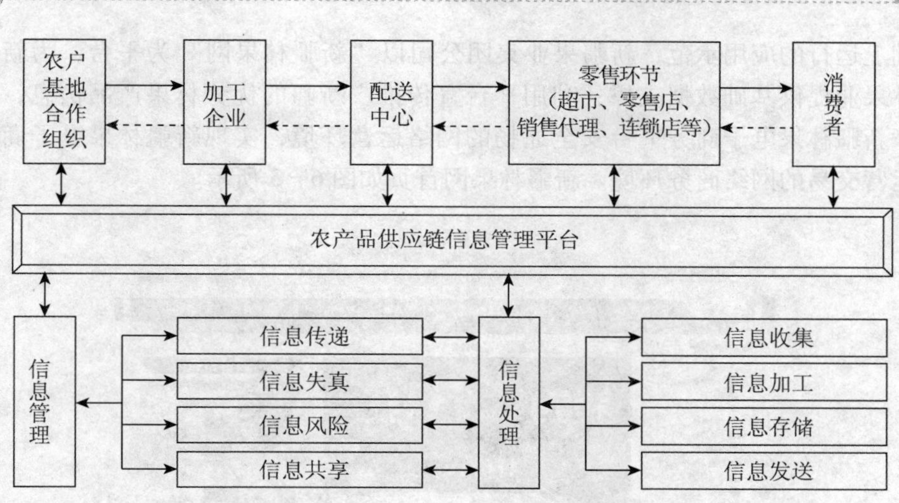

图 6－2　果蔬类产品协议流通信息管理平台

3. 数据分析

在图 6－2 所示的果蔬类农产品协议信息管理平台中，农户基地合作组织向农产品供应链信息管理平台提供的信息包括：基地信息、农户信息、地块信息、农产品信息、初始价格信息，根据需要还可能包括种植信息、种子信息、农药播撒信息、采收信息，甚至种子的供应商信息等。

加工企业则需要向信息管理平台提供原材料信息、食品添加剂信息、产成品信息、产成品价格信息、生产厂家信息、生产日期、保质期、销售区域信息等内容。

配送中心提供的则更多的是物流信息，如发货时间、仓储信息、运输信息、承运方信息、接收时间、温湿度信息等内容，甚至可以提供仓库管理员、货车司机、发运车次等信息。

零售环节需要向信息管理平台提供相应的农产品销售信息，如进货价格、销售价格、销售门店、促销信息等内容，并且可以从平台获取加工企业、配送中心提供的相关信息。

当消费者购买产品时，通常的销售信息可以从零售企业获得，但是与生产、配送，甚至原材料相关的信息，则可以通过系统平台，输入商品条码，即可查询到相应的信息。

4. 推广应用

为进一步做好在核心企业供应链组织型协议流通的信息化运行机制的基

础上运行的应用示范，新疆果业集团公司以“新疆林果网”为平台，为新疆林果业提供基础数据支撑，利用平台宣传推广新疆的优势林果产品信息，保障新疆林果电子商务平台安全通畅的网络运营环境，实现新疆林果电子商务运营交易的网络商务环境。新疆林果网首页如图 6－3 所示。

图 6－3　新疆林果网首页

同时，新疆林果网还为消费者提供了商品质量追溯查询的功能，如图 6－4所示。通过输入要查询的商品的条码信息，就可以很方便地获得与该商品相关的信息。

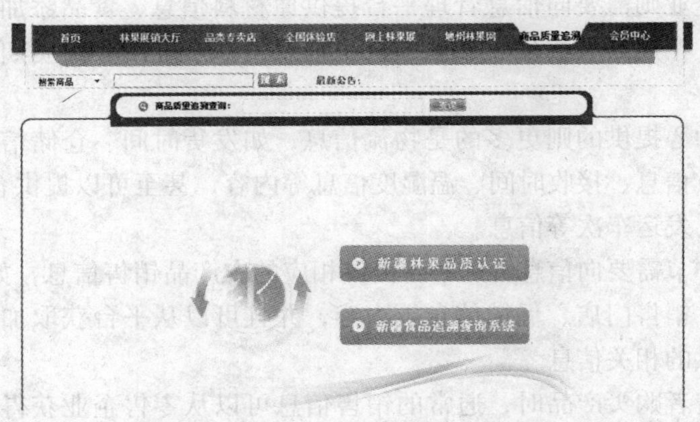

图 6－4　商品质量追溯查询页面

这样，在整条水果供应链上，可以实现消费者需要的一般的信息查询，而如果需要更加详细的关于水果加工处理过程的信息，则可以通过企业自身的 ERP 系统获取，即可实现企业内部信息的详细查询。

通过新疆果蔬产品协议流通管理体系的研究与建立，在示范企业和示范基地已经进行初步示范推广，实现了果蔬产品流通过程中的降低损耗和提高利润，2009 年各示范企业、专业合作社果蔬产品协议流通量达到了 32 万吨，企业年营业额达到 6.01 亿元，实现利税达 4719 万元。试点企业营业额年增长率达到了 50%，农产品流通中损耗可比口径下降不低于 10%，产生了较好的经济效益。同时，产品按协议进行片区交售，随采随收，直接加工，缩短了交售期，如加工番茄由 5～7 天缩短为 1～2 天。果蔬原料流通成本降低 11%，损耗由 35%～41% 下降为 9.8%。

5. 案例小结

通过以上的分析，我们可以发现，以新疆果业为代表的农产品加工企业担当农产品流通的核心企业，这是目前核心企业供应链组织型协议流通模式的典型代表。在整个农产品的流通过程中，加工企业作为供应链的核心企业，对于整条供应链上下游参与方进行协调：要求农产品的生产者、零售商、配送商等，提供与农产品有关的基本信息，并且通过搭建协议流通信息平台进行整合，同时与自身的 ERP 系统相结合，在消费者有查询需求时，能够及时将所有相关信息反馈给消费者，从而降低消费者对农产品的质疑，以使消费者通过了解这些信息来放心的购买、消费；同时可以通过自身的 ERP 系统追查到更加详细、准确的信息，以此进一步完善企业管理。

综上所述，本书通过对加工企业参与农产品协议流通模式的实证分析，证明了以核心企业供应链组织型果蔬类农产品协议流通供应链运作模式，可以在完善企业自身管理的情况下，向广大消费者提供相应的加工农产品信息，从而保障消费者的合法权益。

6.1.2　连锁集团主导型——物美集团

6.1.2.1　背景介绍

物美集团自 1994 年在北京率先创办综合超市以来，已成为首都最大的连锁零售企业，并入选国家重点扶持培育的大型现代流通企业。2008 年，物美集团实现销售额达 302 亿元，位列“2008 年中国连锁百强”第 8 位。[①] 2008—2010 年，物美集团作为主持单位成功申报了科技部攻关项目——果蔬

① 姜刚，周树华．连锁集团主导型果蔬类农产品协议流通模式研究［J］．商业时代，2010（10）：22－23，111.

类农产品协议流通管理与服务应用示范（编号：2008BADA0B08），对自身的连锁集团地位参与农产品流通中的情况进行研究与试点，取得了很好的效果。

从物美集团果蔬类农产品经营现状来看，首先，随着企业规模的扩大、店铺的增多，以及供应链条的延长，农产品供应问题和时间效率问题突出；其次，农产品品种和供求信息不对称，盲目种植和经营问题突出；最后，传统果蔬类农产品流通模式无法保证产品质量，企业社会责任无法体现。以上问题的解决，需要发展和创新农产品流通模式，指导农产品的生产和流通。

为了更好地解决上述问题，物美集团从 2008 年开始启动了"果蔬农超对接"，与北京、山东、河北、内蒙古、海南、新疆、湖北、湖南、江西、陕西、广东、广西、云南、福建等十几个果蔬主要生产省市的近 50 家农民合作社和农产品经营体建立了直接或间接的合作关系，建立了联合管理和直接采购关系的特色蔬菜瓜果直采基地。

物美的"果蔬农超对接"，主要是针对果蔬类产品，实现"田间地头—物流配送—超市销售"的供应链短平快的压缩，尽可能地降低农产品的流通过程，最大程度地保证果蔬类农产品的鲜活度。通过对物美在山东省青州市的蔬菜生产基地的调研，可以将其"果蔬农超对接"的运作过程，归纳为如图 6-5 所示的形式。

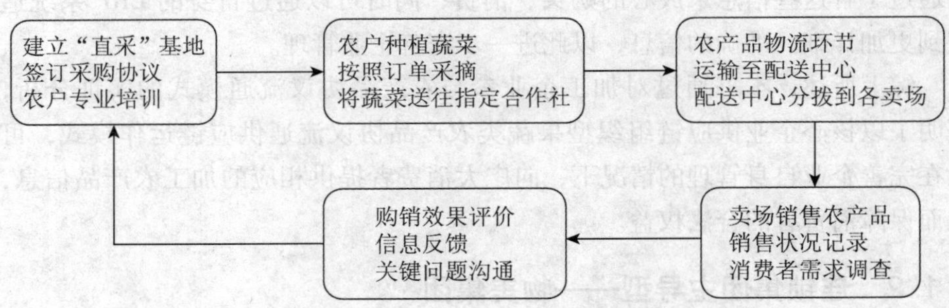

图 6-5 物美的"果蔬农超对接"运作流程

在整个运作过程中，物美集团与果蔬类农产品种植基地（主要以合作社的形式）进行合作，签订长期的采购合同，保证农产品的供应；并且通过对农户与合作社的培训及合作，对农产品的生产信息进行详细记录。

6.1.2.2 系统设计

在农产品流通过程中，物美集团有专门的运输团队和配送中心，从而保障农产品的物流顺畅；同时通过采用仓库管理系统（WMS）、运输管理系统

（TMS），引入无线射频（RF）、自动输送与分拣设备等，对物流过程的信息进行收集和记录。

1. 设计理念

物美果蔬农产品协议流通模式的信息系统是由物美集团的 SAP、物美集团果蔬采购的 VRM、物美集团产地供应链合作伙伴（或物美集团自身采购队伍）、专业农户、专业加工储存工厂等联合起来，共同使用的 ASP 系统。其设计理念如下。

内外结合：物美集团的业务系统与合作伙伴的基地信息管理系统通过 XL 结合起来。

统计与交易结合：既完成了数据库统计、记录、查询、更改、删除、分析、检索等信息管理功能，又完成了物美集团系统交易与产地交易的产品、价格、品规、数量、金额、利润、储存、运输、农户信息、地块信息等交易信息统计功能；还能够将协议等以文本形式储存于系统中，以便查询和检索。

用户维护系统：各用户可以通过 INTERNET 对系统涉及权限内的商品的经营信息、价格和质量信息等进行网上查询、维护、更新、统计。

2. 系统构成协议流通服务平台的系统构成

服务平台系统是一个应用服务提供系统，用户可以采用包括移动办公在内的多种方式管理其业务流程，与交易伙伴实现业务对接和业务协同。服务平台系统由应用服务大厅、信息服务大厅、P2P 数据交换服务、系统管理和外部系统接口管理五部分构成，并与企业 ERP 系统对接。服务的内容主要为：农产品流通的业务过程管理的应用服务、农产品流通的公共信息服务、P2P 的数据交换服务等。

3. 系统功能协议流通服务平台系统功能

服务平台系统是按照 SaaS 的模式建立的果蔬类农产品流通业务的信息管理服务系统。用户通过订购应用服务包形成其业务流程管理信息系统。服务平台系统以 Web Service 的方式提供服务，用户可以通过输入服务平台系统的地址或系统 IP 地址访问，也可以通过其他网站的链接按钮访问。系统的架构如图 6－6 所示。

（1）“应用服务大厅”的模块功能。“应用服务大厅”是由用户在 14 个服务模块中选择订购其中的 m（$m \leqslant 14$）个模块所构成的应用服务包，每个模块的功能如下。

①协议管理服务模块功能。协议管理服务模块提供标准格式和用户自定义格式的协议模板，只要是交易双方达成的交易约定都可视作“协议”。一个

协议由三部分构成，即达成协议双方的信息和协议约定的内容。

②供应管理服务模块功能。服务平台系统的七类服务对象在使用服务平台系统的供应管理模块时，所需管理的内容是不一样的，但就供应（采购）的管理而言，管理要素包括：供应商信息、采购的物品、采购责任人。

③产品管理服务模块功能。用户可以使用产品管理服务模块对其用于销售的产出物进行管理。用户如果订购了产品管理模块，系统会进行“初始化”自定义，该模块包括用户定义模块内容和使用已定义的模块。

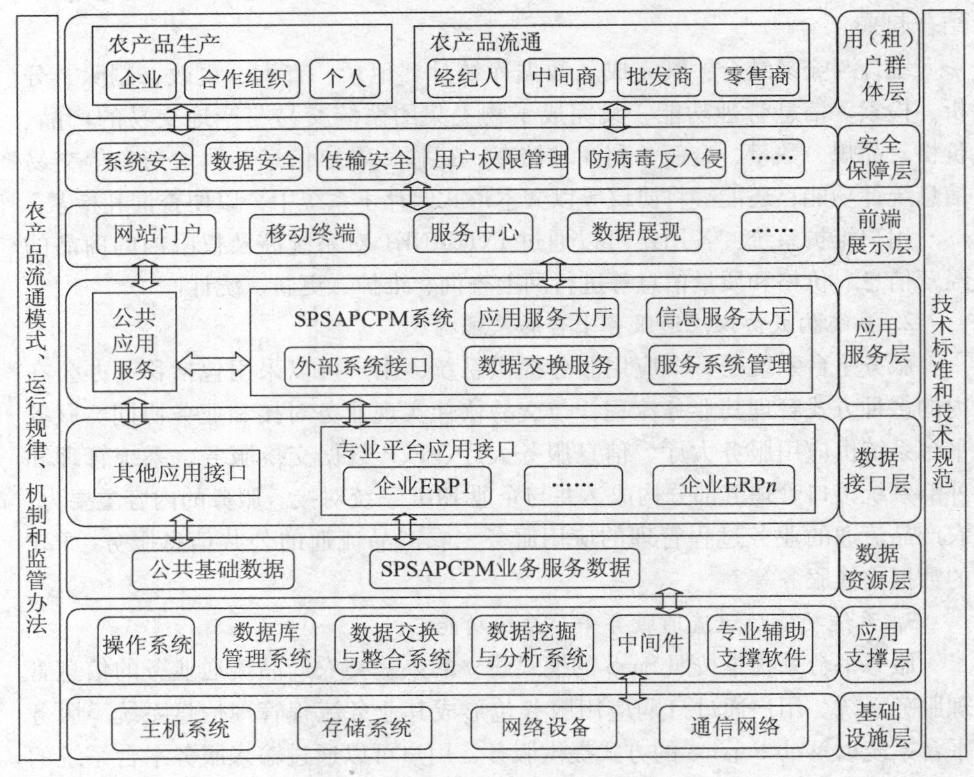

图6－6　服务平台系统架构示意

④客户管理服务模块功能。用户可以使用客户管理服务模块对其产品/服务的购买对象信息进行管理。用户如果订购了客户管理模块，系统进行“初始化”自定义，该模块也包括用户定义模块内容和使用已定义的模块。

⑤销售管理服务模块功能。用户可以使用销售管理服务模块对其产品/服务的销售过程信息进行管理。用户如果订购了销售管理模块，系统会进行

“初始化”自定义，该模块也包括用户定义模块内容和使用已定义的模块。

⑥储运管理服务模块功能。用户可以使用储运管理服务模块对其产品的储存、运输和储运加工过程进行管理。用户如果订购了储运管理模块，系统会进行“初始化”自定义，该模块也包括用户定义模块内容和使用已定义的模块。

⑦配送管理服务模块功能。用户可以使用配送管理服务模块对其产品的配送过程信息进行管理。用户如果订购了配送管理模块，系统会进行“初始化”自定义，该模块也包括用户定义模块内容和使用已定义的模块。

⑧成本管理服务模块功能。用户可以使用成本管理服务模块对其业务运行成本进行管理。用户如果订购了成本管理模块，系统会进行“初始化”自定义，该模块也包括用户定义模块内容和使用已定义的模块。

⑨地块管理服务模块功能。用户可以使用地块管理服务模块对其耕种的地块信息进行管理。用户如果订购了地块管理模块，系统会进行“初始化”自定义，该模块也包括用户定义模块内容和使用已定义的模块。

⑩种植管理服务模块功能。用户可以使用种植管理服务模块对其种植计划、种植过程、采摘计划、采摘过程等信息进行管理。用户如果订购了种植管理模块，系统会进行“初始化”自定义，该模块也包括用户定义模块内容和使用已定义的模块。

⑪车辆管理服务模块功能。用户（主要是物流服务提供商，也可以用于配送业务）可以使用车辆管理服务模块对其物流服务业务进行管理。用户如果订购了车辆管理模块，系统会进行“初始化”自定义，该模块也包括用户定义模块内容和用户使用已定义的模块。

⑫仓储服务管理服务模块功能。用户（主要是物流服务提供商，也可以用于配送业务）可以使用仓储服务管理模块对其物流服务业务进行管理。用户如果订购了仓储服务管理模块，系统会进行“初始化”自定义，该模块也包括用户定义模块内容和用户使用已定义的模块。

⑬数据交换服务模块功能。用户成员可以使用订购的数据交换服务模块完成与协议对象之间的数据交换。数据交换服务包括的功能模块如图 6 - 7 所示。

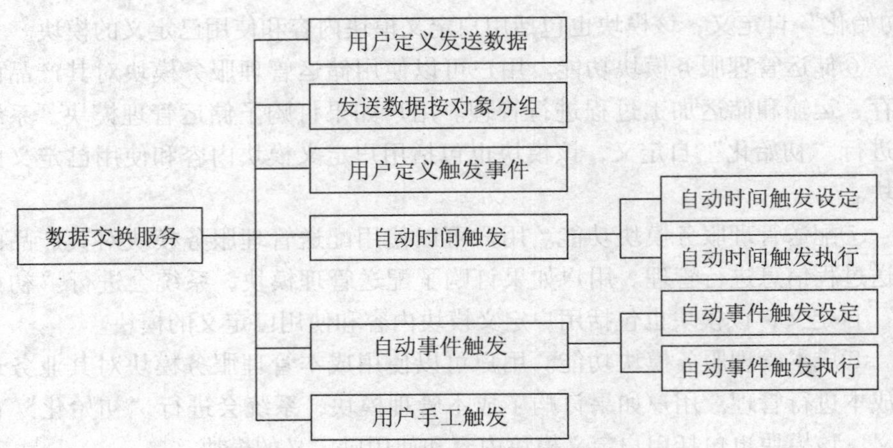

图 6-7 数据交换服务包括的功能模块

⑭应用服务接口服务模块功能。如果用户的大量业务流程是在其 ERP 系统或业务管理信息系统中实现的，且其 ERP 系统没有涵盖服务平台系统的全部功能，则该用户的部分业务也会由服务平台系统来完成。因此，用户要应用到平台系统中的服务接口模块功能。

（2）信息服务大厅的模块功能。

①供需信息发布管理的功能。该功能给具有权限的用户成员提供供需信息发布的界面，主要包括产品供应信息编辑、服务供应信息编辑、产品需求信息编辑、服务需求信息编辑、发布信息审核、信息分类发布、发布信息撤销、发布信息修改、供应信息定向发布、需求信息定向发布的功能。

②供需信息查询管理的功能。该功能给用户的所有用户成员提供信息查询的界面。主要包括产品供应信息查询、服务供应信息查询、产品需求信息查询、服务需求信息查询、信息发布历史记录、信息查询历史记录模块的功能。

③交易撮合服务的功能。系统从用户发布的供求信息中，提取包括农产品品种、数量、价格、质量指标等信息要素，按照预定的匹配规则自动进行信息匹配，并将分组发送给供应方和需求方，进行交易撮合。

④网上洽谈室服务的功能。“网上洽谈室”是一个点对点式的即时通信系统，供应方或需求方在相应的发布板块搜索到交易线索，或者在收到交易撮合信息后，发出洽谈信号并进入网上洽谈室，通过网上洽谈室完成交易谈判，形成交易协议。同时，系统自动对已达成协议的各方的发布信息加注成交信息和剩余可交易信息。

⑤网上竞拍大厅服务的功能。网上竞拍大厅服务模块包括竞拍委托的请求与确认、竞拍过程管理两个组成部分。系统中持有紧缺资源的用户可以向系统提出网上竞拍请求，系统将判断是否可能形成竞拍，若无可能，则提示委托方可行性较差；若有可能，向委托方确认后，向所有可能参与竞拍的用户发出邀请，用户收到参与确认后，进入网上竞拍大厅开始竞拍，竞拍成交后，系统将收取竞拍服务费用，竞拍不成功，则只收取委托方服务费用。

⑥交易评价服务的功能。交易完成之后，交易双方都可以在交易评价版面对交易对手提交评价，评价的内容包括诚信、产品或服务的质量等。系统将评价信息与协议和支付的信息进行核对，给出确认标识，并对被评方计算该次评价获得的分值并累加，确定评价好坏。

⑦公共信息发布平台服务的功能。系统管理员可以在公共信息发布平台发布分类动态行情信息、分类动态统计信息、相关知识、法律法规以及行业政策信息、通知通告信息和新闻等公共信息，供所有浏览者浏览。

（3）P2P 数据交换服务的功能。P2P 数据交换服务模块完成与协议对象之间的数据交换。该功能模块包括用户定义发送数据、发送数据按对象分组、用户定义触发事件、自动时间触发、自动事件触发、自动手工触发等功能。

（4）服务系统管理包的模块功能。

①用户管理的功能。用户管理模块包括用户登记注册管理、用户的用户成员群设置、应用服务包订购管理、用户/用户成员身份识别认证、计费和奖励管理和用户应用服务接口管理。

②投诉管理的功能。投诉包括用户成员/用户对服务系统的投诉、对另外用户成员/用户的投诉。系统对投诉进行分类后，将对服务系统的投诉转交运维者，进行服务改进，同时转交系统经营者备案，将对另外用户/用户成员的投诉转交这个用户，由这个用户督促其用户成员改进。

③新增服务管理的功能。新增服务管理是新增服务模块的发布、试用、招租等管理；用户租用新增服务模块，则用户通过变更应用服务包的订购完成。

④系统维护的功能。系统维护包括对系统的硬件系统和软件系统的维护，其中软件系统的维护包括对隔离数据库系统、系统安全、应用服务大厅模块和系统各类信息的维护等。

（5）外部系统接口管理——与企业 ERP 系统接口的功能。

服务平台系统与企业 ERP 系统的接口方法，通过定义“E 数据”和“S 数据”，以及转换为相应的标准 XML 文件，进一步地，通过采用公开密钥非对称加密传输，实现服务平台系统与企业 ERP 系统的数据交换。由于与服务平台系统接口的企业 ERP 系统可能有多个类型不同的系统，因此服务平台系统需要对每个订购“应用服务接口”的用户建立接口文件管理档案，以便记录可能发生的变更。

6.1.2.3　推广应用

在销售环节，果蔬类农产品通过分拣配送后被运往物美集团的各个销售场地，实现产品销售；通过各卖场的销售时点系统（POS）和电子订货系统（EOS），及时掌握农产品的销售信息和库存。而且，借助于课题的研究结果，使得物美对果蔬类农产品的信息实现了实时的跟踪和监控，可以让消费者真正消费得放心、明白，出现问题时，也能得到及时的解决。该系统的用户界面及交易界面如图 6－8、图 6－9 所示。

图 6－8　农产品流通管理信息系统用户界面

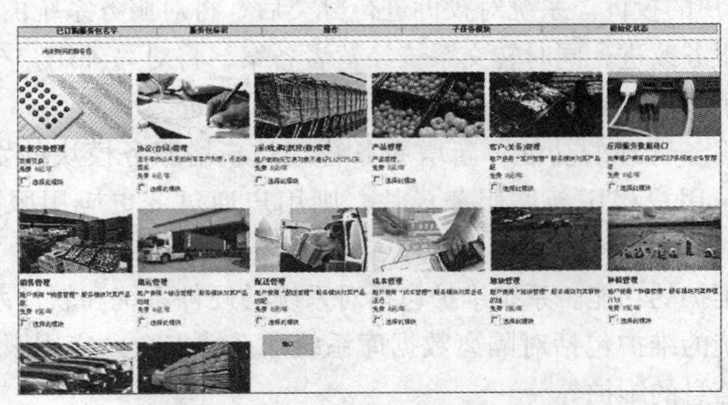

图 6－9　农产品流通管理信息系统交易界面

通过此信息系统平台，可以实现物美集团与生产基地的协议管理，对农产品生长地块管理、种植过程管理、采购过程的管理、产品信息的管理、储运管理、配送管理、销售管理、客户关系管理，乃至数据交换管理等。

通常情况下，消费者只需要了解农产品的基本信息，但是当出现产品质量问题时（如腐烂变质），就会通过系统追溯到储运管理环节，了解到在储运过程中存在哪些问题，以便解决；当出现食品质量安全问题时（如某种农药添加超标等），就可以通过系统追溯到是由该产品生产的地块，根据种植记录，对该地块的农产品进行调查，而避免“毒菜门”事件的再次发生。

“果蔬农超对接”的果蔬，占物美大卖场果蔬总销售量的95%，在这一计划的背后，是超市、农户和消费者的三方共赢。物美集团董事长表示，实行了“农超对接”后，2010年物美自采蔬果商品的营业收入比2009年同期增长了100%①。

物美集团主导型果蔬类农产品协议流通模式的具体运作成效，可以说是实现了生产者、消费者和企业的多方共赢。

首先，企业的经营业绩实现了较大的提升。“农超对接”使得物美集团果蔬类农产品的竞争能力和盈利能力迈上一个新台阶，单店来客量同比大幅增长，对新鲜农产品的价格和品质大加赞赏。

其次，大大减少了流通渠道的中间环节，降低损耗。原来果蔬农产品必须经过田头市场、产地批发市场、售地批发市场、果蔬供应商四个环节才能到达物美配送中心，现在直接从田间地头到达配送中心，真正实现“24小时到货”，让消费者真正感受到了“新鲜”。

最后，“农超对接”使连锁集团得以与供应链上游的农户实现对接。通过协议的方式规定产销过程中的责权利，增加农民收入的同时，完全记录了农产品的流通过程，保证产品质量和责任追溯。

6.1.2.4 案例小结

通过以上的分析，我们可以发现，物美集团所采用的果蔬类农产品“农超对接”的流通方式，正是连锁集团主导型流通模式的典型代表。物美集团是整个农产品供应链的核心企业，对于整条供应链具有绝对的控制权和管理权：上游的农产品生产基地与物美保持长期合作关系；中游的物流运输以及配送中心由物美出资建设，是物美集团的独资子公司；下游的销售卖场，是物美集团在全国各地（本案例是北京地区）开设的大卖场，完全是在物美总部的统一指导下进行商业活动。

---

① 王小聪．北京物美超市——农超对接让百姓得实惠［N］．经济日报，2011－01－19.

综上所述，本书通过对连锁集团主导型果蔬类农产品协议流通模式的实证分析，证明了以连锁集团主导型果蔬类农产品协议流通供应链运作效率较高，代表着现代农产品流通模式中最先进、最有效的模式。

6.1.3 批发市场服务拓展型——上海批发市场

据《新闻晚报》报道，上海市政府最新审批通过的《上海市现代农业"十二五"规划》，指出在"十二五"期间，上海市将继续确保绿叶菜等农产品有效供给，并加强农产品质量安全管理，到2015年，全市农产品质量安全追溯体系覆盖率达到90%。①

资料显示，2011年上海市开始部署并开展"蔬菜批发市场和水产批发市场追溯系统建设项目推进计划"，预计将在徐汇区、松江区、普陀区、浦东新区、闵行区、嘉定区、奉贤区、宝山区8个城区的12个农产品批发市场，以及普陀区的2个水产品市场逐步推进此项工程。

截至目前，"食用农产品流通安全信息追溯系统"正在上海市肉类产品的流通中逐渐推进。此外，该系统还将逐步扩展到粮食、蔬菜、水产品、水果等其他批发市场，为农产品批发市场提供相应的农产品追溯信息，让消费者买到放心的水果、蔬菜。

通过调查发现，如果"果蔬农产品流通信息追溯系统"能够真正普及果蔬类农产品批发市场，实现对于果蔬类农产品的信息跟踪和记录，则当消费者在购买农产品时，会随即产生一张与蔬菜相关的电子小票，此小票上除了记录该产品的基本信息外，还会附带一个条码信息，而这一条码将协助消费者通过"农产品批发市场信息追溯系统"查询到与此产品相关的各种信息，让消费者真正能放心消费。

整个农产品批发市场信息追溯系统如图6-10所示。

此系统将利用先进的计算机及网络技术，对客户信息、业务信息、交易信息、市场管理信息等进行收集、储存、传输与整合。同时，将数据中心与各批发市场互联，为批发市场提供资源共享及业务运营支撑平台，最终实现客户数据、业务数据的整体性、有效性、安全性和可靠性，有效地优化系统内资源，从而提高整体运作效率与竞争能力。

通过此系统可以取得以下几方面的成效。

1. 实现对农产品的全程管理

系统采集农产品生产过程中的全过程信息，监管部门可对农产品供应链

---

① 张钰芸，赵天予．2015年农产品可追溯体系覆盖率达90%［N］．新闻晚报，2011-12-22.

各环节进行监管，及时发现排除安全隐患，排除不诚信的企业，实现由“农场”到“餐桌”的全过程管理。

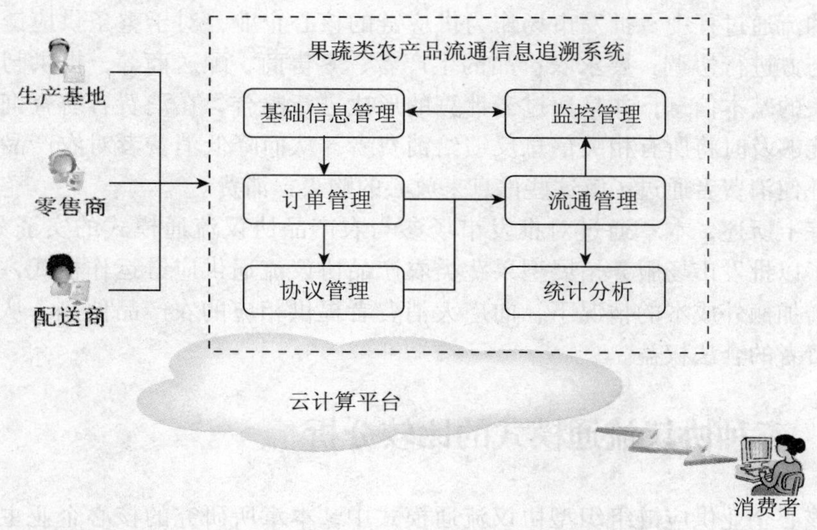

图 6－10　农产品批发市场信息追溯系统

2. 实现对农产品的溯源追踪

本系统中，可以随时快速地查找通过农产品批发市场流通的农产品信息。既可对出售的农产品追溯到产地源头，也可查找某一产地的某一批次的产品去向状况。对于疫病发生或发现不合格农产品时，最大程度地降低损失。

3. 数据分析

生产基地、配送商、零售商通过网络按照规定的格式上传相应信息，如生产基地代码、基地名称、负责人姓名、基地规模、生产产品等生产基地信息；配送企业代码、企业名称、配送服务范围、配送能力、仓储能力等配送商信息；零售企业代码、企业名称、零售点位置、企业负责人、经营范围等零售商相关信息。这些信息将作为基础信息存储在“果蔬类农产品流通信息追溯系统”中。

当交易参与方之间经过商讨签订了合作协议后，产生的订单信息及协议信息也将存储在系统中，并且系统可以根据协议的内容对订单进行管理，如订单执行情况提示、违约情况处理等工作，并且可以根据长期的合作对协议及订单进行分析，甚至进行预测，为系统的使用者提供决策的依据。

4. 案例小结

通过以上的分析，我们可以发现，前文所描述的“果蔬类农产品流通信息追溯系统”，就是批发市场服务拓展型协议流通模式的典型代表。在整个农产品的流通过程中，批发市场作为供应链的核心企业，对于整条供应链上下游参与方进行协调：要求农产品的生产者、零售商、配送商等，提供与农产品有关的基本信息，并且通过云计算的形式进行整合，在消费者有查询需求时，能够及时将所有相关信息反馈给消费者，从而降低消费者对农产品的质疑，并使消费者通过了解这些信息来放心的购买、消费。

综上所述，本章通过对批发市场参与农产品协议流通模式的实证分析，证明了以批发市场服务拓展型果蔬类农产品协议流通供应链运作模式，可以在不增加额外成本的情况下，向广大消费者提供相应的农产品信息，从而保障消费者的合法权益。

6.2 三种协议流通模式的比较分析

核心企业供应链组织型协议流通模式中，本章所研究的核心企业主要是农产品深加工企业，农产品经过深加工后改变了本身的性状成为一种新的产品，如果汁、果脯、果酱等。因此，深加工企业的经营策略，一方面尽可能降低原材料的采购价格，另一方面是如何开拓市场，将新的产品销售出去，以期获得更多的收益。

连锁集团主导型协议流通模式中，连锁集团的主要表现形式是连锁超市，他们的主要作用是进行农产品及其他类型产品的销售，当消费者对食品安全越来越重视时，超市成为消费者比较安全的购物渠道。因此，连锁超市的经营策略，主要是尽可能的稳定供货渠道以期提供充足的货源，同时要保证食品的质量安全。部分连锁集团也在尝试建立自己的种植基地，以期实现对农产品的来源控制，保证食品安全。

批发市场服务拓展型协议流通模式中，批发市场的作用更多的是为商户和消费者提供交易平台，它的盈利模式就是通过提供交易平台及配套服务来获得相应的服务费用。因此，批发市场的主要经营策略是吸引更多的商户和消费者到市场来进行交易，这也需要通过提供良好的管理和服务，以及完善的设施设备来吸引他们。

因此，核心企业供应链组织型、连锁集团主导型、批发市场服务拓展型，三种流通模式之间经营策略对比如表 6－1 所示。

表 6－1　　三种流通模式的经营策略对比

流通模式	经营策略
核心企业供应链组织型	开拓市场，扩大产品销售，降低原料成本
连锁集团主导型	稳定供货渠道，保证产品安全
批发市场服务拓展型	追求客户多、流量大

6.3　管理策略比较

6.3.1　共同点

通过对核心企业供应链组织型、连锁集团主导型、批发市场服务拓展型这三种不同的农产品协议流通模式的分析可以发现，这三种协议流通模式具有以下三方面的共同点。

1. 均以供应链管理为前提

不管是核心企业供应链组织型、连锁集团主导型，还是批发市场服务拓展型，在这些协议流通模式中，农产品从农户的种植基地开始，经过集货、运输到达零售环节，最终被消费者购买。在这一过程中，不可避免的需要各种不同类型的企业进行合作。不同的企业会按照协议的约定，完成各自的工作，他们之间是供需协调、物流同步的关系。在农产品从产地到销地的移动过程中，各个环节必须密切合作，才能达到高效率、低成本、低损耗。因此，在农产品流通过程中，要以整条供应链的收益最大化为最终目的。

2. 均以协议作为供应链上各企业合作的依据

这种协议可以是用文字写下来的合同，也可以是一种口头的约定，甚至是长期合作形成的默契，供应链上的各个企业均按照约定的方式进行合作，各负其责。

3. 均要实现对农产品从田间到餐桌的全程信息跟踪

为了保证农产品的质量安全，就需要从田间到餐桌的全过程信息跟踪与追溯，因此就要求参与的各方按照相应的职责，将各个环节中与农产品有关的信息录入到数据库中，当出现任何问题时，都可以从系统中获得相应的支持信息，从而明确责任，找到问题的关键。

6.3.2 不同点

核心企业供应链组织型、连锁集团主导型、批发市场服务拓展型这三种农产品流通模式，也存在以下两方面的不同之处。

1. 供应链上各企业间关系的密切程度各不相同

这三种农产品流通模式，虽然都是以供应链为依托，但是不同的流通方式，各企业间的关系密切程度却各不相同。密切程度最高的是连锁集团主导型流通模式，在这一模式中，种植基地以连锁集团自主经营的种植基地为主，或者是成规模的农民合作社，由于对农产品的需求量较大，能够产生规模经济；承运商也大多是连锁集团自己经营的物流公司或者物流部门；连锁门店是连锁集团的末端销售部门。因此，连锁集团主导型流通模式中，各个环节以连锁集团为依托，形成一个大企业的模式运作。而批发市场服务拓展型流通模式中，各个环节的企业只是到批发市场这一交易平台进行交流合作，密切程度很低。

2. 核心企业对于供应链上其他合作伙伴的控制力度各不相同

通过分析可以看出，连锁集团主导型流通模式中，核心企业是连锁集团；核心企业供应链组织型流通模式中，核心企业是某一核心企业；批发市场服务拓展型流通模式中，核心企业是批发市场。结合前面的分析，批发市场服务型是完全松散的合作方式，因此核心企业对于其他参与者的控制力很弱；核心企业供应链组织型是完全按照供应链的形式组织在一起，是比较规范的合作方式，核心企业对于其他企业的控制力较强；而连锁集团主导型的合作伙伴以企业的从属单位或部门为主，因此核心企业对于其他企业的控制力很强。

因此，核心企业供应链组织型、连锁集团主导型、批发市场服务拓展型三种流通模式之间管理策略比较如表 6-2 所示。

表 6-2　　　　三种流通模式管理策略比较

流通模式	合作密切程度	核心企业的控制力度
核心企业供应链组织型	较强	较强
连锁集团主导型	强	强
批发市场服务拓展型	弱	弱

6.3.3 体系架构

从前面的分析可以看出，由于三种协议流通模式的管理策略不同，以及他们所涉及的供应链中各企业关系的紧密程度各不相同，因此，对三种不同的协议流通模式所构建的信息追溯体系也各不相同。

核心企业供应链组织型协议流通模式中信息追溯体系模式的构建，可以按照供应链管理中，以核心企业为主，将农产品流通所涉及的生产、销售、运输等环节紧密结合起来，以各自原有的信息系统为基础，构架基于供应链的企业间互联网 Extranet。在这种模式下，追溯体系的构架更多的是在合作伙伴间实现信息共享，按照一定的格式要求，将所需信息规范化，从而实现各企业信息孤岛的整合。

在对连锁集团主导型协议流通模式中信息跟踪追溯模式的构建过程中，由于连锁集团在整个农产品协议流通过程中，发挥强有力的控制主体作用，且供应链上的合作成员大多是连锁集团的子公司、业务部门，或者零售网点，因此，连锁集团可以起到很强的推动作用。同时，作为主体单位，连锁集团可以根据信息追溯的相关要求，通过行政命令（对业务部门、子公司可采取此手段）或者优势协议（对合作单位），使农产品流通的整个供应链完成相应的信息收集和整理，并最终为产品信息追溯服务。

对于批发市场服务拓展型协议流通模式中的信息跟踪追溯模式的构建，由于这种农产品流通模式中，各参与主体之间的相互独立，且缺乏有效的管理和约束机制，因此各主体之间是完全的游离状态，加之批发市场本身的营利性目的，此时要想实现以农产品批发市场为主体的信息追溯体系的重新设计和构建，不论从成本、效果等各方面，都有一定的局限，因此，最好的办法就是通过云计算的形式，将各参与主体之间原本散乱的信息进行整合，实现供应链上的信息共享机制，从而达到信息追溯的目的。

因此，核心企业供应链组织型、连锁集团主导型、批发市场服务拓展型三种流通模式的体系构架比较如表 6－3 所示。

表 6－3　　三种流通模式的体系构架比较

流通模式	构建理念	相应技术
核心企业供应链组织型	供应链管理	SOA + Internet 技术
连锁集团主导型	集团企业	ERP + VPN 技术
批发市场服务拓展型	商户服务	云计算

6.3.4 风险控制

风险控制是指风险管理者采取各种措施和方法，消灭或减少风险事件发生的各种可能性，或者减少风险事件发生时造成的损失。① 只有做好风险控制工作，才可以说成功地管理了风险。

风险控制的四种基本方法是：风险回避、损失控制、风险转移和风险保留。

1. 风险回避

风险回避是投资主体有意识地放弃风险行为，完全避免特定的损失风险。简单的风险回避是一种最消极的风险处理办法，因为投资者在放弃风险行为的同时，往往也放弃了潜在的目标收益。所以一般只有在以下情况下才会采用这种方法：

（1）投资主体对风险极端厌恶；

（2）存在可实现同样目标的其他方案，其风险更低；

（3）投资主体无能力消除或转移风险；

（4）投资主体无能力承担该风险，或承担风险得不到足够的补偿。

2. 损失控制

损失控制不是放弃风险，而是制订计划和采取措施降低损失的可能性或者是减少实际损失。控制的阶段包括事前、事中和事后三个阶段。事前控制的目的主要是为了降低损失的概率，事中和事后的控制主要是为了减少实际发生的损失。

3. 风险转移

风险转移，是指通过契约，将让渡人的风险转移给受让人承担的行为。通过风险转移过程有时可大大降低经济主体的风险程度。风险转移的主要形式是合同和保险。

（1）合同转移。通过签订合同，可以将部分或全部风险转移给一个或多个其他参与者。

（2）保险转移。保险是使用最为广泛的风险转移方式。

4. 风险保留

风险保留，即风险承担。也就是说，如果损失发生，经济主体将以当时

---

① 王然，马智宏，衷爱东，等．信息化项目风险管理策略的机理模型和应用分析［J］．交通与计算机，2005（2）．

可利用的任何资金进行支付。风险保留包括无计划自留、有计划自我保险。

(1) 无计划自留。指风险损失发生后从收入中支付，即不是在损失前做出资金安排。当经济主体没有意识到风险并认为损失不会发生时，或将意识到的与风险有关的最大可能损失显著低估时，就会采用无计划保留方式承担风险。一般来说，无资金保留应当谨慎使用，因为如果实际总损失远远大于预计损失，将引起资金周转困难。

(2) 有计划自我保险。指可能的损失发生前，通过做出各种资金安排以确保损失出现后能及时获得资金以补偿损失。有计划自我保险主要通过建立风险预留基金的方式来实现。

因此，核心企业供应链组织型、连锁集团主导型、批发市场服务拓展型三种协议流通模式对于风险控制的能力分析，也将从这四个方面分别进行。

核心企业供应链组织型流通模式中，核心企业对于风险的控制，主要是通过风险转移和风险保留的方式，将所有风险通过协议（或者合同）的形式，将供应链运作的风险在全体供应链合作企业间进行分担，从而在完成农产品流通的同时，风险分担、利益共享。同时，为了更好的处理风险所带来的负面影响，核心企业会做有计划的自我保险，在合作之初就预留出（或从各单位提取）相应的资金，以供使用。

连锁集团主导型流通模式中，连锁集团对于风险的控制，更多采用的是损失控制以及风险保留的方式。因为连锁集团主导型协议流通中，所有参与的合作伙伴大多是连锁集团自己的部门或者子公司，因此连锁集团对于整条农产品供应链有很强的控制能力，可以比较容易地进行事前、事中、事后的风险预测、控制及事后的补救措施，以此来降低供应链上的风险。而对于事后的补救，则可以采取有计划的自我保险措施，从而将损失尽可能地控制在可控的范围内。

批发市场服务拓展型流通模式中，批发市场对于风险的控制，目前采用较多的是风险回避的方式。由于这种流通模式下，各合作伙伴之间的关系较为松散，且多为临时性合作，因此，批发市场很难对他们进行管理和控制。且在目前的运作中，批发市场多为营利性的，但是他们缺乏承担风险的能力，因此为了尽可能地降低风险，批发市场会尽可能地规避风险。

核心企业供应链组织型、连锁集团主导型、批发市场服务拓展型三种不同协议流通模式风险控制比较如表 6－4 所示。

表 6－4　三种流通模式的风险控制比较

流通模式	风险主体	控制方法
核心企业供应链组织型	各个企业共同承担	风险转移和风险保留
连锁集团主导型	连锁集团主要承担	损失控制和风险保留
批发市场服务拓展型	批发市场	风险回避

6.4　应用前景分析

由以上对核心企业供应链组织型、连锁集团主导型、批发市场服务拓展型，这三种主要的农产品协议流通模式的分析，可以对每一种协议流通模式的应用前景及发展趋势进行如下简单的判断。

核心企业供应链组织型协议流通模式，我们把农产品加工企业作为供应链的核心企业。刘畅等（2011）在《中国食品质量安全薄弱环节、本质原因及关键控制点研究——基于 1460 个食品质量安全事件的实证分析》一文中，通过对 1460 个食品安全事件的研究表明，中国食品质量安全事件发生最多的 3 个供应链环节依次是食品深加工环节、农产品生产种植养殖环节和农产品初加工环节。其中，食品深加工环节的问题明显多于其他两个环节。这就说明，在以深加工企业作为核心企业的农产品供应链中，一方面要加强对整个农产品供应链的信息追溯平台的搭建，从而实现农产品信息的共享与追溯；另一方面，也要加强对深加工企业内部的管理和控制，自身信息管理和追溯系统的搭建也非常重要。

连锁集团主导型协议流通模式中，连锁集团作为农产品供应链的核心企业，对整个农产品的流通过程进行监督、管理和控制，韩燕（2009）在《基于质量安全的农产品供应链建设与优化研究——从供应链上的信息正向传递与逆向追溯角度的解析》一文中，通过对我国现有的五种农产品生产流通模式进行分析，给出“连锁零售网络 + 生产基地 + 农户”模式，是最有效的也是非常有竞争力的农产品供应链。在这一模式下，由于农产品的同质性非常强，因此连锁集团的主要压力来自于同行的竞争。要想解决这一方面的问题，在竞争中立于不败之地，可以通过“农超对接”、搭建信息追溯电子平台等方式，在对农产品质量安全把关的同时，注重连锁集团的品牌化发展。

批发市场服务拓展型协议流通模式中，批发市场作为农产品交易平台的提供者，管理的对象非常繁多，且层次各不相同，结合当前我国农产品批发市场的现状，任燕（2011）在《流通领域食品安全保障体系研究》一文中指出，农贸市场位于农产品流通销售的末端，直接接触终端个体消费者，其食品安全控制作用和管理功能十分重要，但却是目前流通领域食品安全管理体系中较为脆弱的一环。因此，以批发市场作为主体加强对农产品信息的跟踪追溯在保证农产品质量安全方面，具有很大的意义。结合目前参与农产品批发市场交易的各方，对于农产品质量安全的认识各不相同，且大多是通过纸质记录提供农产品的信息这一现状，只能实现简单的信息追溯。如果政府能够出资投建信息追溯平台，并在大中城市建立统一的质检平台，建立标准化、统一性的信息追溯模式，则农产品批发市场向网络化电子追溯的发展将成为可能。同时，如果将现在应用于产业链上游的“农超对接”的思想延伸至批发市场，实现“农零对接”“批零对接”也将是一种有效的批发市场改造的途径。

6.5 小结

本章中，分别以新疆果业、物美集团、上海农产品批发市场的农产品信息追溯体系的构建情况作为案例，分别对核心企业供应链组织型、连锁集团主导型、批发市场服务拓展型三种农产品协议流通模式进行分析，以期对本书研究进行验证。

核心企业、连锁集团、批发市场，作为农产品协议流通模式中的核心企业，由于在农产品流通中发挥的作用各不相同，其盈利模式也有很大差异，因此导致不同的核心企业有不同类型的经营策略。以加工企业为代表的核心企业其经营策略是要保证原材料的稳定供应，并扩大销售市场；连锁集团的经营策略则是稳定农产品的供应货源，并加强对质量安全的保证；批发市场的经营策略则是吸引更多的交易方到市场上进行交易，从而获得利益。

三种模式中，连锁集团对农产品供应链的掌控力最强，核心企业次之，批发市场最弱，因此，核心企业、连锁集团、批发市场也应当采用不同的管理策略，从而保障整条农产品供应链的顺畅、稳定。

同时，由于各种不同的供应链中，各参与方的信息化水平、对待信息追溯的态度各不相同，因此本书提出了适合不同协议流通模式的信息追溯体系构架。虽然各参与方按照协议的方式进行合作，但是为了避免在实际操作中的各种风险和损失，作为农产品供应链的核心企业，也会采用不同的风险控制策略，以期降低风险所造成的损失。

不同的协议流通模式，其应用前景各不相同：核心企业供应链组织型，需要进一步加强企业内部的管理和控制，以及企业自身信息管理与追溯系统的建设；连锁集团主导型，则需要在注重产品质量安全的同时，通过品牌化发展提高在同行中的竞争力；批发市场服务拓展型，则需要加大政府的投入与政策倾斜，同时可以向后拓展，通过“农零对接”“批零对接”等形式，提高批发市场的信息追溯能力。

7 结论与建议

7.1 研究结论

综合上述各章理论与实证研究结果，全书总体研究结论归纳如下。

第一，协议流通作为农产品流通的重要形式，可以最大程度地维持农产品供应链的稳定、持续发展，是一种值得推荐的模式。

对农产品的质量安全的关注，以及农产品供应链的稳定，需要有相应的信息追溯作为保障，本书结合农产品流通的实际状况，将研究范围确定为协议流通过程。结合国内外研究现状，对农产品协议流通的概念进行了更为明确的认定。在协议流通模式中，可以通过协议的形式约定各参与方提供相应的信息，为农产品的信息追溯提供依据，从而保证农产品供应链的稳定、持续发展。同时，通过分析发现，参与各方从长远合作的角度出发，都愿意按照协议的方式进行合作。

第二，核心企业供应链组织型模式中，深加工企业作为核心企业构建农产品协议流通信息平台的可行性最大，连锁集团主导型及批发市场服务拓展型中则分别由连锁集团与批发市场为主体构建信息平台。

对于核心企业供应链组织型协议流通模式，本书先就不同的参与主体担当主导企业时，分别从提供的信息量、建设成本、管理难易程度，以及构建意愿的角度进行分析，得出的结论是：以加工企业作为核心企业来构建农产品协议流通平台更为合适。而对于连锁集团主导型协议流通模式，由于连锁集团对于整个供应链的绝对掌控权及其本身的实力及资源优势，由连锁集团作为此种供应链的核心企业搭建信息平台，而其他参与方通过 VPN 进行对接是比较可行的方式。对于批发市场服务拓展型协议流通模式，由于各参与方的规模较小，批发市场作为交易平台的提供者，由其承担搭建信息平台的责任更为合理。

第三，三种典型的协议流通模式的信息流动、数据共享模式各不相同，导致在构建协议流通信息平台时，需要采用不同的技术手段。

通过对核心企业供应链组织型、连锁集团主导型、批发市场服务拓展型三种典型的农产品协议流通模式的信息流进行分析，发现其共同点是为了更好地实现农产品流通中信息的共享与整合，均需要构建网络数据库，在将所有涉及的信息进行整合的同时，最大程度地降低信息的不一致性。由于不同协议流通中的核心企业不同，结合各自的合作方式也有很大差异，因此本书认为，采用面向服务的体系结构（SOA）的技术手段实现核心企业供应链组织型协议流通模式的系统构架；采用 ERP + VPN（虚拟专用网络）的技术手段实现连锁集团主导型协议流通模式的系统构架；采用云计算的相关技术实现批发市场服务拓展型协议流通模式的系统构架。

第四，分阶段追溯作为一种新型信息追溯模式，与“一追到底”的方式相比较，更适合当前的农产品流通环节。

当农产品出现质量问题时，需要对其流通过程及生产过程进行信息追溯，从而找到其发生问题的环节。本书提出一种全新的农产品信息追溯模式——分阶段追溯，并与现存的信息追溯模式“一追到底”分别从成本角度及管理的难易程度等方面进行比较，得出的结论是在当前的农产品流通环境条块分割严重、数据收集信息化水平低的情况下，分阶段追溯的方式更加合理，且成本更低，但从长远来看，随着信息技术的不断发展，以及人们对农产品质量安全的认识越来越清晰，“一追到底”的信息追溯方式也是可行的，且追溯的内容更加完善。

第五，三种协议流通模式下的合作方式各不相同，因此导致信息追溯理念和系统构架的方式有很大差异。

核心企业供应链组织型协议流通模式，其系统运作的出发点是各参与方相互独立，完全按照供应链管理的思路展开合作，相互之间的合作是在共赢的基础上展开。连锁集团主导型协议流通，其系统运作的出发点是以连锁集团为供应链的核心企业，连锁集团对整条农产品供应链拥有绝对的控制权和管理权，各参与方相互之间的合作是紧密围绕连锁集团进行的。批发市场服务拓展型协议流通模式，其系统运作的特点是由批发市场搭建公共信息平台，将各参与方的农产品信息记录进行整合、共享，相互之间的合作是松散的、不稳定的。

第六，三种典型的协议流通模式，存在差异化的经营策略、管理策略，以及对待风险的态度，从而确定了各自不同的发展前景。

核心企业供应链组织型协议流通模式中，作为核心的加工企业，其经营策略是保证原材料的稳定供给，并扩大销售市场，各合作伙伴之间是基于供应链理论和合作模式，因此需要各参与方共同承担风险，核心企业需要进一步加强企业内部的管理和控制，以及企业自身信息管理与追溯系统的建设；连锁集团主导型协议流通模式中，作为核心的连锁集团，其经营策略是稳定农产品的供货渠道，并加强对质量安全的监控，它在整个供应链中位于绝对的控制地位，其他参与方紧紧围绕连锁集团展开合作，连锁集团往往会采取损失控制的方式来应对可能发生的问题，因此连锁集团需要在注重产品质量安全的同时，通过品牌化发展提高在同行中的竞争力；批发市场服务拓展型协议流通模式中，批发市场的经营策略则是吸引更多的交易方到市场上进行交易，从而获得利益，它对参与交易的各方没有很强的约束能力，因此更倾向于风险回避，需要加大政府的投入与政策倾斜，同时可以向后拓展，通过"农零对接""批零对接"等形式，提高批发市场的信息追溯能力。

7.2 政策建议

1. 政府角度

加大对于农产品流通的扶持力度，并根据农产品不同的流通形式区别对待。

在构建信息追溯体系的过程中，对于核心企业供应链组织型流通模式，政府要引导供应链的参与各方，通过加强企业间合作，以供应链的思路进行利益共享，在信息追溯的过程中，保证基础设施的完善和通畅，而对于企业间的合作，则以企业为主体，但是对于违反约定的企业，应该给予适当的惩罚，从而维护社会的诚信度。

对于连锁集团主导型流通模式，政府则可以更多的依赖集团企业的力量，来完成整个供应链的信息跟踪追溯，而政府要做的，则是建立和维护公平、公正、公开的竞争环境，使"21 世纪的竞争，归根结底是供应链之间的竞争"这样的预言，能真正成为现实。

对于批发市场服务拓展型流通模式，由于批发市场是供应链的核心单位，各参与主体之间的联系是松散型，且相互之间缺乏制约，因此，政府应该在其中起构架信息系统的决定性作用，结合文中所述，主要是设定信息标准，从而使不同的合作伙伴之间的信息能够有效对接。因此，政府在对基础设施建设的同时，还要对系统构建起到主导作用。

2. 企业角度

农产品的流通过程，涉及不同的参与主体，他们有的是生产农产品的种植基地，有的是对农产品进行初加工的流通加工企业，还有对农产品进行销售的零售企业，当然还有实现农产品流通的流通企业。每个企业都是以盈利为目的，且都希望获得最大的收益。

从系统论的角度，如果参与的各方能够从供应链的角度进行思考，就可以最终实现整个供应链的利益最大化，从而使自身所处的供应链具有更强的竞争力，也就保证了自身的发展潜力。

在食品安全被普遍关注，且关注程度越来越高的今天，对农产品信息进行跟踪追溯是不可避免的，因此，如果企业要想在竞争中保持竞争优势，就应该主动与其他合作伙伴进行信息共享，而不再是信息封锁，使合作伙伴间的信息系统能够进行无缝对接，以此来应对市场的各种挑战。

3. 农户角度

目前，我国的农户大多文化层次不高、很少上网，且更多地倾向于自给自足即可，因此，很多农户缺乏长远的发展眼光。但是，在农产品流通中，真正能够获利，且最终能够形成规模的，将是具有长远目光的农户，他们通过合作社的形式进行联盟，或者作为某集团公司的加盟种植基地，才能够获得更多的收益。

在农产品信息追溯推广的过程中，前期需要比较大量的数据录入，烦琐的练习过程，很可能出现前期投入大于产出的情况，对于农户来说，是最不愿看到的。但是，从长远的角度来看，这将成为农产品流通现代化、增加农民收入的最重要的方向。

4. 消费者角度

在目前是市场拉动的情况下，供应链的运作方法和运作效果，均是以消费者的满意度作为前提的，因此，在农产品信息追溯工作推动的过程中，消费者的需求同样也将作为拉动因素。当然，由于消费者的层次很有大差异，且购买农产品的途径各不相同，因此，如果消费者有了更多对于农产品信息的需求，必将会推动农产品供应链对于农产品信息的收集、整理及规范化，这也成为保障消费者权益、维护农产品安全的重要因素。

7.3 有待进一步探讨的问题

受研究时间和研究资料的限制，本书在对三种典型的农产品协议流通模式进行分析的基础上，探讨了适应各自情况的信息追溯体系，但是对于可追溯体系的投入产出问题有待进一步分析，企业对于农产品信息追溯的投入，很大程度上取决于他们从中获得的利润，这与消费者对农产品可追溯的认知有很大的关系，同时良好的市场秩序也会促使农产品信息可追溯的进一步发展，而不会因为成本等原因，出现“劣币淘汰良币”的现象。

参考文献

[1] 刘普合，申冬华，王勇．从“链态”看我国果蔬农产品流通渠道［J］．商业经济与管理，2010，11（229）：5-10.

[2] 王勇，孙美玉，王艺璇，等．构建新型农产品协议流通模式［J］．农业经济，2010（1）：80-83.

[3] 刘雯，彭科，安玉发，等．果蔬协议流通模式的管理服务机制和竞争优势研究［J］．农业经济与管理，2011（2）：52-58.

[4] 姜刚，周树华．连锁集团主导型果蔬类农产品协议流通模式研究［J］．商业时代，2010（10）：22-23.

[5] 刘静，申冬华．零售企业定点型果蔬类农产品协议流通模式研究［J］．商业时代，2010（5）：32-33，111.

[6] 沈敏．“农超对接”的典型模式与发展的政策目标选择［J］．新闻世界，2011（6）：285-286.

[7] 孙敬平．安徽农产品流通体系发展现状及完善策略［J］．商业时代，2010（7）：121-123.

[8] 赖阳．北京建设农产品批发团地的思考［J］．中国市场，2010（12）：16-17.

[9] 郭红莲，杨宝宏，唐颖．超市生鲜农产品流通效率初探［J］．物流技术，2008，2（9）：29-31.

[10] 黄祖辉，吴克象．发达国家现代农产品流通体系变化及启示［J］．福建论坛：经济社会版，2003（4）：32-36.

[11] 邓俊淼，戴蓬军．供应链管理下鲜活农产品流通模式的探讨［J］．商业研究，2006（23）：185-187.

[12] 孟京生．关于借鉴台湾农产品流通先进经验—完善大陆农产品流通体系的思考［J］．商业经济，2011（6）：23-25.

[13] 贾卫丽，王成艳，赵瑞莹．关于农产品物流的供求状况分析及对策［J］．安徽农业大学学报：社会科学版，2004，13（3）：52-56.

[14] 高健．国外农产品流通体系［J］．世界农业，1987（4）：8-9.

［15］金永生．国外农产品流通体系的比较及其启示［J］．山西财经学院学报，1988（2）：23－26.

［16］胡振虎，夏厚俊，万敏．国外农产品物流产业发展的主要经验［J］．生态经济，2006（10）：242－245.

［17］刘文杰，韦恒．国外农产品物流的经验及启示［J］．中国科技信息，2005（24）：87，94.

［18］黄勇，易法海，杨平．国外农产品物流模式及其经验借鉴［J］．社会主义研究，2007（3）：133－135.

［19］李炜，易法海．国外农产品物流模式简介［J］．农村工作通讯，2007（12）：54－54.

［20］韩淑梅，段东霞．国外农村合作经济组织发展对内蒙古的启示［J］．北方经济，2006（10）：73－74.

［21］万杰，陈志卷，李立．河北省鲜活农产品物流系统调研与优化研究［J］．河北工业大学学报，2007，36（6）：69－74.

［22］孙德梅，刘洋，王莉．黑龙江省农产品流通现状探析［J］．商业研究，2008（10）：183－184.

［23］韦恒．黑龙江省农产品物流 SWOT 分析［J］．物流科技，2006，29（127）：86－87.

［24］孙传恒，刘学馨，丁永军，等．基于嵌入式 Linux 技术的农产品流通追溯系统设计与实现［J］．农业工程学报，2010，26（4）：208－213.

［25］王宁，黄立平．基于信息网络的农产品物流供应链管理模式研究［J］．农业现代化研究，2005，26（2）：126－129.

［26］蒋华东．加快建立健全农产品流通体系的思考［J］．2007（10）：108－110.

［27］张大利，孙宏岭，陈世界．借鉴国外农产品流通经验构建中牟大蒜物流系统［J］．农村·农业·农民：上半月理论前沿，2008（11）：70－71.

［28］李晋红．美日农产品流通渠道模式比较及对我国的借鉴［J］．中国合作经济，2005（5）：62－61.

［29］陈丽芬．美日农产品流通体系发展变迁及其规律分析［J］．中国市场营销，2010（1）：4－12.

［30］夏春玉，薛建强，徐健．农产品流通：基于网络组织理论的一个分析框架［J］．北京工商大学学报：社会科学版，2009，24（4）：1－6.

［31］孟猛，梁伟红，宋启道，等．农产品流通码及追溯码的编码研究

[J]．热带农业科学，2010，30（1）：82－85.

[32] 邓正，黄新建，张进．农产品流通市场的博弈分析——以养鸭流通业为例［J］．科技广场，2006（10）：13－15.

[33] 蔡荣，虢佳花，祁春节．农产品流通体制改革：政策演变与路径分析［J］．商业研究，2009（8）：4－7.

[34] 杨春梅，王维，郑继兴．现代农产品流通体系现状及思考——以黑龙江省齐齐哈尔市为例［J］．中国农学通报，2010，26（23）：380－384.

[35] 张浩，安玉发．农产品协议流通模式：基于系统流理论的分析［J］．中国流通经济，2010，24（2）：19－22.

[36] 孙梦．农超对接：新流通进行式［J］．商道，2011（6）：64－65.

[37] 张浩，安玉发．农超对接流通模式发展趋势展望［J］．农业展望，2010，6（1）：39－42.

[38] 何劲．欧美国家蔬果市场运作模式对中国大中城市农改超的启示［J］．世界农业，2006（11）：13－16.

[39] 张荣华，刘洋．批发市场服务拓展型果蔬类农产品协议流通模式研究［J］．全国商情·理论研究，2010（1）：82－90.

[40] 小宁．破解农产品流通困境［J］．商业价值，2011（6）：98－99.

[41] 张俊巧．日本生鲜农产品流通实施技术及其配套建设［J］．世界农业，2008（9）：63－65.

[42] 谷有利，吕贵兴．农产品产地批发市场信息化建设研究［J］．企业导报，2009（5）：90－91.

[43] 苏海涛，郭海清．食用农产品质量安全信息追溯方法及应用研究［J］．商业现代化，2010（16）：99－100.

[44] 隋姝妍，大岛一二．试论农民专业合作社在农产品流通中的作用［J］．农村经济，2010（8）：122－124.

[45] 赵晓飞，田野．我国农产品流通渠道模式创新研究［J］．商业经济与管理，2009（2）：16－22.

[46] 黄祖辉，刘东英．我国农产品物流体系建设与制度分析［J］．农业经济问题，2005（4）：49－53.

[47] 张文松，王树祥．我国农产品现代物流模式分析及选择［J］．物流技术，2006（3）：37－39.

[48] 杨敏，周耀烈．物联网视角下农产品流通问题与对策研究［J］．中国流通经济，2011，25（4）：11－14.

[49] 袁胜军，黄立平，詹锦川，等．射频识别技术（RFID）在蔬菜供应链中的应用研究［J］．安徽农业科学，2005，33（6）：1069－1070.

[50] 吴卫群．上海市建立“食用农产品流通全程信息追溯系统”［J］．中国禽业导刊，2007（20）：50.

[51] 王海刚，张襄英．国外农产品现代流通模式的特点与启示［G］//陕西省改革发展研究会．陕西省改革发展研究会2009优秀论文集．西安：陕西省改革发展研究会，2010：89－93.

[52] 杨海东，周洛．基于RFID的农产品安全监控系统研究［J］．微计算机信息，2008，24（22）：109－192.

[53] 闫倩，吴秀敏．农产品可追溯制度中农户和企业的博弈研究［J］．中国农学通报，2010，26（15）：426－431.

[54] 国家发展和改事委员会农产品冷链物流发展规划［R］．北京：国家发展和改革委员会，2010.

[55] 赵元凤．中国农产品市场信息系统研究［D］．北京：中国农业科学院，2003.

[56] 杜红梅．农产品流通组织创新研究［D］．湖南：湖南农业大学，2004.

[57] 陈红华．我国农产品可追溯系统研究［D］．北京：中国农业大学，2008.

[58] 任晰．水产品加工过程质量安全可追溯系统研究［D］．北京：中国农业大学，2009.

[59] 张浩．中国农产品流通模式研究：基于果蔬供应链的分析［D］．北京：中国农业大学，2010.

[60] 任燕．流通领域食品安全保障体系研究［D］．北京：中国农业大学，2011.

[61] 刘惠蓉，曾桂珍．成华物流 强力打造信息交流平台［N］．经理日报，2007－6－4.

[62] 师继锋．农协模式在日本农业产业化过程中的作用及对中国的启示［EB/OL］．三农在线，2006－06－29.

[63] 张姝楠，郭波莉，潘家荣．RFID技术在食品全程跟踪与追溯中的应用［J］．食品研究与开发，2007，28（9）：148－150.

[64] 杨川．RFID技术在制造业管理信息系统中的应用研究［J］．自动化技术与应用，2008，27（9）：98－100，112.

[65] 李瑾，秦向阳．北京市农产品流通信息化发展的思考［J］．农村经营管理，2008（12）：20－21.

[66] 李瑾，秦向阳．北京市农产品流通信息化问题及对策研究［J］．广东农业科学，2009（9）：265－268.

[67] 张学江．谈农产品流通市场信息缺失及其对策［J］．商业时代，2009（17）：19－20.

[68] 王朝辉．从“布吉模式”崛起看我国农产品流通企业扩张形式变化［J］．农业经济管理，2008（3）：55－57.

[69] 龚毅．从信息化视角探究我国流通产业创新［J］．学术探讨，2008（9）：266－267.

[70] 凌宁波，朱风荣．电子商务环境下我国农产品供应链运作模式研究［J］．江西农业大学学报：社会科学版，2006，5（1）：91－94.

[71] 李晓锦．多层次构筑信息源，推进浙江省农产品流通信息化进程［J］．商业经济与管理，2004（10）：34－37.

[72] 陈红华，田志宏．国内外农产品可追溯系统比较研究［J］．商场现代化，2007，7（21）：5－6.

[73] 谢菊芳，陆昌华，李保明，等．基于NET构架的安全猪肉全程可追溯系统实现［J］．农业工程学报，2006，2（6）：218－220.

[74] 昝林森，申光磊，段军彪．基于JSP的牛肉质量安全可追溯网络化系统研究［J］．中国农学通报2006，22（12）：13－16.

[75] 陈雷雷，金淑芳，李俊．基于RFID的水产食品可追溯体系研究［J］．农业科学研究，2009，30（1）：51－54.

[76] 付骁，傅泽田，张领先．基于Web的蔬菜质量安全可追溯系统［J］．Web的蔬菜质量安全，2009，30（1）：85－87.

[77] 张海涛，王锋，张健．基于可追溯系统的水产品供应链结构优化机制及管理模式［J］．中国渔业经济，2008，27（6）：48－53.

[78] 郭曼，朱海鹏，郦晶．基于数据网格的RFID农产品跟踪与追溯系统研究［J］．农机化研究，2007（11）：101－104.

[79] 王华书，林光华，韩纪琴．加强食品质量安全供应链管理的构想与对策［J］．农业现代化研究，2010，31（3）：267－271.

[80] 周陆军，李旭．建立食品（肉类）安全控制与追溯信息系统的模式及重要性［J］．肉类研究，2005（11）：3－6.

[81] 王秋梅，高天一，刘俊荣．可追溯水产品信息管理系统的实现

[J]. 渔业现代化，2008，35（5）：56－58.

[82] 樊红平，冯忠泽，杨玲. 可追溯体系在食品供应链中的应用与探讨[J]. 生态经济，2008（4）：63－65.

[83] 林金莺，曾庆孝. 可追溯体系在食品中的应用[J]. 现代食品科技，2006，22（4）：189－192.

[84] 魏毕琴，姚顺波. 连锁超市主导的生鲜农产品物流优化研究[J]. 新疆农垦经济，2008（7）：31－34.

[85] 昝林森，郑同超，申光磊. 牛肉安全生产加工全过程质量跟踪与追溯系统研发[J]. 中国农业科学，2006，39（10）：2083－2088.

[86] 卢功明，张小栓，穆维松，等. 牛肉加工质量可追溯数据采集与传输方法[J]. 中国农业科学，2006，39（10）：2083－2088.

[87] 文向阳. 在食品供应链中实施食品安全的可追溯性[J]. 中国食品工业，2005（8）：48－49.

[88] 杨申燕，陈向军. 农产品供应链信息平台的构建与实施[J]. 经济社会体制比较，2009（2）：175－178.

[89] 陈红琳. 农产品供应链中信息集成方法研究[J]. 信息系统工程，2009（8）：85－90.

[90] 张德化. 论我国农产品流通理论贫困与对策[J]. 商讯商业经济文荟，2006（5）：10－12.

[91] 罗必良，汪凤桂，王玉蓉. “布吉模式”及其启示[J]. 特区经济，2001（5）：51－54.

[92] 王晓平，张浩，安玉发. 农产品协议流通中的信息跟踪追溯模式研究[J]. 物流技术，2010（8）：122－124.

[93] 米增渝. 农村企业对农村经济发展的贡献及影响因素[J]. 中国农村经济，2009（12）：11－23.

[94] 周峰，徐翔. 欧盟食品安全可追溯制度对我国的启示[J]. 经济纵横，2007（10）：71－73.

[95] 边胜男. 日本农产品物流的发展对我国的启示[J]. 农业经济与科技，2009（9）：102－103.

[96] 白云峰，陆昌华，李秉柏. 肉鸡安全生产质量监控可追溯系统的设计[J]. 江苏农业学报，2005，21（4）：326－330.

[97] 程雪，周修理，李艳军. 射频识别（RFID）技术在动物食品溯源中的应用[J]. 东北农业大学学报，2008，39（10）：140－144.

[98] 亚敬．RFID 与温度传感技术在冷链物流中的应用［J］．中国电子商情：RFID 技术与应用，2009（3）：49－51.

[99] 吴红姣，倪卫红．食品供应链的可追溯体系设计［J］．工业工程，2008，11（3）：53－56.

[100] 赵勇，赵国华．食品供应链可追溯体系研究［J］．食品与发酵工业，2007，33（9）：146－149.

[101] 赵明，刘秀萍．蔬菜质量安全可追溯制度的建设与实践［J］．中国蔬菜，2007（7）：1－3.

[102] 屈晓晖，庄大方，邱冬生．蔬果农产品可追溯物流信息系统的构建与应用［J］．地球信息科学，2008，10（5）：119－127.

[103] 房丽娜，孟宪学．我国农产品供应链信息化建设的研究［J］．商场现代化，2009（5）：52.

[104] 林凌．我国食品安全可追溯体系研究［J］．标准科学，2009（4）：55－60.

[105] 方炎，高观，范新鲁，等．我国食品安全追溯制度研究［J］．农业质量标准，2005（2）：37－39.

[106] 刘俊荣，陈述平，雷建维．我国养殖水产品全链可追溯性系统平台的建设思路［J］．水产科学，2007，26（9）：518－520.

[107] 谢丹，梁美超，刘东红．无线射频识别技术在食品生产流通中的应用［J］．粮油加工，2007（8）：120－123.

[108] 张敏，张杰．现代食品冷链物流的现状与发展［J］．商场现代化，2007（7）：137－138.

[109] 刘军第，王凯，韩纪琴．消费者对食品安全的支付意愿及其影响因素研究［J］．江海学刊，2009（3）：83－89.

[110] 张萍香．小农经济与可追溯制度探讨［J］．现代商贸工业，2009（1）：117－118.

[111] 邓若鸿，陈晓静，刘普合，等．新型农产品流通服务体系的协同模式研究［J］．系统工程理论与实践，2006（7）：59－65.

[112] 王然，马智宏，衷爱东，等．信息化项目风险管理策略的机理模型和应用分析［J］．交通与计算机，2005，23（2）：72－74.

[113] 苟建华，娄朝晖．信息技术对现代农产品供应链协调性的影响［J］．财经论丛，2009（5）：99－102.

[114] 周应恒，耿献辉．信息可追踪系统在食品质量安全保障中的应用

[J]．农业现代化研究，2002，23（6）：451－454.

［115］叶春玲，张兵，古松浩，等．应用于蔬菜质量安全可追溯系统的蔬菜产品追溯标签的设计与实现［J］．食品科学，2007，28（7）：572－574.

［116］王以忠，龙婷，张锐，等．用于果蔬保鲜的 RFID 温湿度记录系统［J］．天津科技大学学报，2008（3）：73－76.

［117］李立伟，蒋国瑞．RFID 技术在制造业物流管理信息系统中的应用［J］．商场现代化，2007（62）：83－83.

［118］任民，张兴伟，张久权，等．中国烟草种质资源网络信息系统的开发［J］．农业工程学报，2010，26（3）：209－215.

［119］刘天祥．中韩农产品流通业态的比较探讨［J］．湖南商学院学报，2006，13（5）：10－12.

［120］许春华，修远．中日韩农村经济合作的选择［J］．吉林农业农村经济信息，2003（10）：22－23.

［121］陈彦丽．中日农产品流通体系的比较研究［J］．经济师，2008（10）：102－103.

［122］周发明．中外农产品流通渠道的比较研究［J］．经济社会体制比较，2006（5）：116－120.

［123］张可，柴毅睬，翁道磊，等．猪肉生产加工信息追溯系统的分析和设计［J］．农业工程学报，2010，26（4）：332－339.

［124］贾春枫，刘爱华．我国出口水果追溯体系的建设［J］．中国果树，2008（5）：68－69.

［125］刘雅丹．水产品贸易的可追溯性［J］．中国水产，2004（9）：36－37，40.

［126］于辉，安玉发．在食品供应链中实施可追溯体系的理论探讨［J］．农业质量标准，2005（3）：39－41.

［127］方炎，高观，范新鲁，等．我国食品安全追溯制度研究［J］．农业质量标准，2005（2）：37－39.

［128］王欣欣，张云鹏．把握流通信息化实质推动我国流通信息化的发展［J］．商业经济，2005（1）：21－22.

［129］赵钢，王航宇．基于 MVC 设计模式构建 JSP Servlet + EJB 的 Web 应用［J］．中国科技信息，2006（12）：140－141，146.

［130］《物流技术与应用》编辑部．质量安全追溯系统市场状况调查报告

[J]．物流技术与应用，2010（8）：34－41.

[131] 李辉，傅泽田，付骁，等．基于 Web 的蔬菜可追溯系统的设计与实现 [J]．江苏农业学报，2008（5）：716－719.

[132] 钱平，郑亚鲁，熊本海，等．射频识别技术及其在农业上的应用 [J]．农业图书情报学刊，2005，17（2）：17－18.

[133] 刘艳涛，施维，吴砾星．农产品流通体系建设应减少中间环节 [N]．农民日报，2011－03－14.

[134] 王琰．商务部：肉蔬流通可追溯机制 3 年左右建成 [N]．中国商报，2010－06－29.

[135] 商务部．商务部关于贯彻实施农产品流通标准的通知[EB/OL]．（2011 － 02 － 14） http：//www mofcom. gov. cn/aartide/h/relht/201102/20110207394308. html.

[136] 刘宝森．青岛：构筑奥帆赛食品质量可追溯控制体系 [N]．经济参考报，2008－03－14.

[137] 卢铮．商务部：推进农产品现代流通试点 [EB/OL]．中国经济网，2011-05-04.

[138] 张晓博．银川 10 月底建成肉菜流通追溯体系 [N/OL]．银川：银川晚报，（2012－05－23） http：//szb. ycem. com. cn/html/2012－05/23/content－1546. htm.

[139] 江苏将建食品药品安全数据库 先给白酒等办“身份证” [EB/OL]．（2014 － 02 － 23）．http：//www. news365. com. cn/yw/201402/t20140223_ 1795846. html.

[140] 沈璐佳．鞍山：蔬菜“血统”全知道 [N]．农民日报，2013－10-08（7）.

[141] 浙江今年将建立农产品质量可追溯制度 [EB/OL]．中国宁波网，(2011－01－25)，http：//news. cnnb. com. cn/system/2011/01/25/006824272. shtml.

[142] 重庆将建肉菜流通追溯系统，一根葱也可查是谁种的 [EB/OL]．和讯网，（ 2010 － 10 － 27）， http：//news. hexun. com/2010 － 10 － 27/125288321. html.

[143] ZHE YING，YUETONG WANG，ZHIYONG LI. Research on Circulation and E－commerce of Chinese Agricultural Products [C] //proccdings of the 7th International Conterence on Electronic CommerceXi’an，China，August 15－17，2005 .

[144] SEONGJIN KIM, MIKYEONG MOON, SEONGHUN KIM, et al. RFID Business Aware Framework for Business Process in the EPC Network [C] //Fifth International Conference on Software Engineering Research, Management and Applications , ACIS International Conference, 2007.

[145] E ABAD, FPALACIO, MNUIN, et al. RFID smart tag for traceability and cold chain monitoring of foods: Demonstrationin an intercontinental fresh fish logistic chain [J] . Journal of Food Engineering, 2009 (93): 394 – 399.

[146] BRIAN MENNECKE, ANTHONY TOWNSEND. Radio Frequency Identification Tagging as a Mechanism of Creating a Viable Producer ' s Brand in the Cattle Industry [C] . MATRIC Research Paper 05 – MRP 8 May 2005.

[147] THOMAS KELEPOURIS, KATERINA PRAMATARI, GEORGIOS I DOUKIDIS, et al. RFID – enabled traceability in the food supply chain [J] . Industrial Management & Data Systems, 2007, 107 (2): 183 – 200.

[148] NING WANG, NAIQIAN ZHANG, MAOHUA WANG. Wireless sensors in agriculture and food industry—Recent development and future perspective [J] . Computers and Electronics in Agriculture, 2006 (50): 1 – 14.

[149] A MOUSAVIA, M SARHADIA, S FAWCETTB, et al. Tracking and traceability solution using a novel material handling system [J] . Innovative Food Science and Emerging Technologies, 2005 (6): 91 –105.

[150] REINER JEDERMANN, LUIS RUIZ – GARCIA, WALTER LANG. Spatial temperature profiling by semipassive RFID loggers for perishable food transportation [J] . ScienceDirect, 2009 (65): 145 – 154.

[151] QU XIAOHUI, ZHUANG DAFANG, QIU DONGSHENG. Studies on GIS Based Tracing and Traceability of Safe Crop Product in China [J] . ScienceDirect, 2007, 6 (6): 724 – 731.

[152] YINGLI WANGA, ANDREW POTTERB. The application of real time tracking technologies in freight transport [C] //Third International IEEE Conference on Signal – Image Technologies and Internet – Based System, 2007.

[153] GARY GEREFFI, MICHELLE CHRISTIAN. The Impacts of Wal – Mart: The Rise and Consequences of the World ' s Dominant Retailer [J] . Annual Review of Sociology, 2009 (8) .

[154] DIMITRIS FOLINAS, IOANNIS MANIKAS, BASIL MANOS. Traceability data management for food chains [J] . British Food Journal, 2006, 108 (8):

622 – 633.

[155] F SCHWAGELE. Traceability from a European perspective [J]. Meat Science, 2005 (71): 164 – 173.

[156] G C SMITH, J D TATUM, K E BELK, et al. Traceability from a US perspective [J]. Meat Science, 2005 (71): 174 –193.

[157] ELISE GOLAN, BARRY KRISSOFF, FRED KUCHLER, et al. Traceability in the U. S. FoodSupply: Economic Theory and Industry Studies [R]. United States Department of Agriculture, Agricultural Economic Report Number 830, 2004.

[158] POLYMEROS CHRYSOCHOU, GEORGE CHRYSSOCHOIDIS, OLGA KEHAGIA. Traceability information carriers. The technology backgrounds and consumers' perceptions of the technological solutions [J]. Appetite, 2009: 322 – 331.

[159] A REGATTIERI, M GAMBERI, R MANZINI. Traceability of food products: General framework and experimental evidence [J]. Journal of Food Engineering, 2007 (81): 347 – 356.

[160] A MOUSAVI, M SARHADI, A LENK, et al. Tracking and traceability in the meat processing industry: a solution [J]. British Food Journal, 2002, 104 (1): 7 – 19.

[161] GOLAN E, KRISSOFF B, CALVIN L, et al. Traceability in the US Food Supply: Economic Theory and Industry Studies [J]. Agricultural Economic Report, 2004, 830 (3)

[162] MITCHEL WEINTRAUB. Lvcsr Log – likelihood ratio scoring for keyword Spotting [C]. Conference: Aconstics Speech, and Signal Processing, 1995.

[163] ALEXANDER BREWER, NANCY SLOAN, THOMAS L LANDERS. Intelligent tracking in manufacturing [J]. Journal of Intelligent Manufacturing, 1999 (10): 245 – 250.

[164] JANE HUFFMAN HAYES, ALEX DEKHTYAR, JAMES OSHORNE. Improving requirements tracing via information retrieval [C]. Requlrements Engineering Conference, 2003.

[165] R MONTANARI. Cold chain tracking: a managerial perspective [J]. Trends in Food Science & Technology, 2008 (19): 425 – 431.

[166] GAO YAN, ZHOU YAN CONG, WANG JI. Application Research of Logistics Tracking SystemBased on RFID [C]. Wireless, Mobile and Sensor Net-

works, 2007.

[167] W HE, E L TAN, E W LEEL, et al. A solution for Integrated Track and Trace in Supply Chain based on RFID & GPS [C] . Conference: Emerging Technologies&Factory, 2009.

[168] ZHANG MIN, LI WENFENG, WANG ZHONGYUN, et al. A RFID-based Material Tracking Information System [C] . Proceedings of the IEEE International Conference on Automation and Logistics, 2007.

[169] L RUIZ-GARCIA, G STEINBERGER, M ROTHMUND. A model and prototype implementation for tracking and tracing agricultural batch products along the food chain [J] . Food Control, 2010 (21): 112-121.

[170] MIKYEONG MOON, YOUNGBONG KIM, KEUNHYUK YEOM. Contextual Events Framework in RFID System [C] . Conference: Information Technology: New Generations, 2006 .